서울
10년
혁명

서울10년혁명
: 박원순 서울시정 10년의 기록

초판 1쇄 인쇄일 2021년 07월 02일
초판 1쇄 발행일 2021년 07월 09일

엮 은 이 혁신정책네트워크 디딤
기　　획 혁신정책네트워크 디딤
총괄편집 송성수, 김유리
사진구매 노컷뉴스, 뉴시스, 도봉구청, 서울시, 뉴스1코리아, 성북민관협치포럼
펴 낸 이 장성순
책임편집 박재은
디 자 인 파이브에잇
펴 낸 곳 해피스토리

주　　소 서울특별시 마포구 성산동 157-3, 302호
전　　화 02-730-8337
팩　　스 02-730-8332
이 메 일 happistory12@naver.com
출판등록 2006년 12월 6일 제300-2006-174호
홈페이지 http://www.happistory.com

당신의 이야기가 곧 역사입니다.

ISBN 978-89-93225-92-1 (03300)

※ 값은 뒤표지에 있습니다.
※ 잘못된 책은 바꾸어 드립니다.

서울
10년
혁명

혁신정책 네트워크 디딤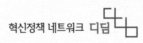

박원순 서울시정 10년의 기록

해피스토리

목차

제3장 더불어 행복한 — 서울

제4장 지속가능한 도시 — 서울

책을
내며

'서울 10년 혁명'의 정책유산을 넘어

서울 10년 혁명.

고(故) 박원순 전 시장이 2018년 서울시장 3선을 준비하면서 직접 천명한 말이다. 알다시피 박 전 시장은 2011년 10월 갑작스레 치러진 보궐선거를 통해 서울시정의 첫 청사진을 밝힌 뒤 2014년과 2018년 지방선거를 거쳐 세 번의 임기를 마친다면 만 10년을 꽉 채우게 되는 것이었다. 따라서 10년 혁명의 표현은 서울시정을 통해 시민의 삶과 메가도시의 기반을 혁명적이리만큼 획기적으로 발전시켰다는 자부심의 발로요, 동시에 반드시 그 결실을 보아야하겠다는 다짐의 발로였다 생각된다.

실용주의자이며 혁신주의자였던 박 전 시장이 당시 '혁명'이란 단어를 꺼낸 것에 대해 예상치 못한 사람은 있었어도 적절하지 않다고 생각한 사람은 많지 않으리라고 생각된다. 조금만 관심 있게 서울을 들여다본 사람이라면 2011년 10월 이후 서울시정은 하나하나의 정책과 지향점이 혁신이라 표현하기엔 부족할 정도로 혁명적인 것이었기 때문이다. 국가 차원에서도 그렇지만, 지방자치단체 차원에서 이렇게 과감하고 개척적인 정책을 구사해 본 적은 없었다고 감히 말할 수 있다. 그러나 그저 과감하다기엔 지나칠정도로 치밀하였고, 개척적이라서 실험적일 것이라고 보기엔 수많은 전문가와 시민의 참여로 필요성이 충분히 검증된 것이었다.

그런 점에서 박 시장이 펼쳤던 정책은 박 시장의 것이 아니다. 그것은 시민원탁회의, 시민참여예산, 시민제안, 헤커톤회의 등을 거쳐 함께 한 수많은 서울시민 한사람 한사람의 것이었다. 그리고 진보 개혁진영의 지식인들이 당시 보수정부에 의해 드리워진 국정의 암울함을 걷어내고 우선 서울시민에게만이라도 그들의 삶을 진정으로 행복에 이르도록 하는 정책을 개발하여 이를 각종 협치를 통해 기획하고 실행과정에 박 전 시장과 기꺼이 함께 하였다는 점에서 하나하나의 정책들은 진보 개혁진영 지식인들의 것이기도 하다. 또한 이전과는 달리 수많은 공정과 검토절차와 회의를 거쳐야했지만 묵묵히 이를 수행하고 행정의 변화를 받아들이며 마침내 진정 시민을 위한 정책으로 만들어낸 서울시 공무원들의 것이기도 하다.

그러나 박 전 시장 재임시절 펼쳤던 많은 정책은 끝내 박 전 시장의 것이다. 민변 시절의 인권변호사로서, 참여연대의 시민운동가로서, 그리고 아름다운 재단과 희망제작소 시절의 사회디자이너로서 그가 밟은 길을 들여다 보면 반민주에서 민생과 생활권으로 옮겨가는 시대의 흐름을 읽어냈던 그였다. 또한 그 길에서 키워온 이 사회 변화에 대한 열정과 국민들 삶의 변화에 대한 정책대안과 의제 설정의 능력은 그 누구도 범접하기 힘든 경지까지 올라갔던 그였다. 그리고 여기에 역사를 움직이는 '이성의 교지(狡智)'가 발동되었는지는 모르나 그가 서울시정의 최종책임자를 맡게 되었을 때 마침내 그 진가가 발휘되었다.

그는 그 어떤 시정에서도 시민과 그들의 삶이 중심이어야 한다는 강고한 철학을 견지했고, 기존 관성을 깨고 더 나은 미래를 위해 받아들여야 하는 혁신과 협치의 원리를 신조로 삼았으며 그간 시정에서 소홀히 해왔던 복지, 노동, 여성, 환경, 보건 등 시민의 일상생활에 직결되는 분야를 시정의 제일 우선순위로 삼았다. 그러나 그 모든 것에 이념보다는 실용, 이론보다는 현장을 중시하는 자신만의 프리즘을 갖고 선택하는 놀라운 지혜를 갖고 있었다. 그렇기에 수많은 정책을 구상하고 논의하고 결정하는 현장에 시장인 그는 항상 함께하였고, 깨알처럼 빼곡히 수첩을 채우며 생각을 모으고 자신의 것으로 소화하며 마침내 정책을 최종 결정하는 고독한 시기에 결단을 내릴 수 있는 용기까지 갖추고 있었다. 그가 최종 재가하여 시행했던 온갖 정책들은 결국 박원순이라는 시장이 있었기에 가능했다. 그 어떤 것도 최초의 정책 아이디어는 그가 서명할 때 즈음에는 어느새 박원순식(式)으로 바뀌어져있었다는 점에서 10년간의 서울 정책들이 박원순의 것이 아니었다고 말할 수 없다.

이제 박원순은 없다. 그러나 박원순이 남긴 족적은 서울 시정의 지울 수 없는 역사의 한 페이지로 남아있다. 그 족적에 대한 평가는 시작되었고 본격화되어야 한다. 이 책은 그가 남긴 족적의 일부이다. 서울시정이라는 '정책적 유산'을 말한다. 적어도 서울시정의 최종 책임자로 그가 '10년 혁명'을 외칠 정도로 천착하였던 정책들이 무엇이었는지 그와 함께 머리를 맞대었던 정책적 동지들이 그를 대신해 말하고자 이 책은 만들어졌다.

물론 이 책으로 그간의 정책적 족적들이 모두 밝혀진다고 말할 수 없다. 이 책에서 다룬 스무개의 분야로 서울시정의 그 광활한 영역을 다 대변할 수 없음은 자명하다. 그렇지만 너무 늦기 전에 남길 수 있는 정책적 족적을 기록하고 그에 대한 솔직한 평가와 과제를 남기는 것이 행해야할 의무라는 점에 동의했기에 집필에 많은 분들이 기꺼이 참여했다. 그리고 그들이 함께 했던 서울시정 10년의 역사를 기록하였다. 그 기록을 모아 엮는 작업은 생전 박 시장과 정책적 교류를 함께 하였던 이들이 모여 만든 사단법인 혁신정책네트워크 디딤(이하 디딤)이 맡게 되었다.

이 책에서 다룬 스무 개의 분야는 다음과 같이 네 개의 장으로 나뉘어 다시 배치되었다.

먼저 제1장 '사람답게 살 권리'에 의료, 교육, 노동, 민생, 복지 등 5개 분야의 정책이 기록되어있다. 첫 번째 의료분야에서는 아파도 치료받지 못하는 사람없이 모두 건강권을 누리도록 시립병원의 공적 역할과 기능을 강화하고 영유아부터 아동, 청소년기를 거쳐 노인기에 이르기까지 공공보건이란 이름으로 시민들의 건강을 보살핀 과정들이 소개되어있다. 두 번째 교육분야에서는 가장 대표적인 무상급식제도의 도입부터 교육청과 함께 혁신교육의 장을 열고 지역사회와 학교가 함께 학령기 아동의 교육권을 확보하기 위해 협력하는 사업까지 그 과정과 성과를 기술하고 있다. 세 번째 노동분야에서는 '노동존중특별시'를 선언한 데에서 알 수 있듯 2000년대 이후 신자유주의 광풍에 의해 열악해진 노동자들의 위상과 존재조건을 개선하고 좋은 일자리에서 안정적으로 일할 수 있는 노동현장의 전형을 구축하여 마침내 중앙정부의 핵심사업으로 기틀을 잡게 된 것을 설명하고 있다. 네 번째 민생분야는 서울 인구의 1/3을 차지하고 있는 소상공인, 자영업자들이 일한만큼 공정한 보상을 받도록 하는 경제민주화 정책의 핵심을 차지하고 있는 분야로서 서울페이를 비롯해 각종 하도급상의 불공정성을 개선하는 정책을 소개한다. 다섯 번째의 복지 분야는 서울시정에서 가장 괄목할만하게 예산의 투여와 인력의 증대가 일어난 영역으로서 보편적 복지의 기조 아래 서울시민 모두가 누리는 복지권이 어떻게 실현되고 있는지를 보여준다.

　제2장 '편안하고 편리한 서울'은 교통, 도시, 재생, 산업, 문화 등 5개 분야를 배치하였다. 첫 번째 교통분야는 1천만 시민이 살고 있는 대도시에서 자동차의 홍수가 만들어내는 회색 도시의 면모를 걷는 사람 중심으로 어떻게 변화시켜 갔는지를 단적으로 보여주고 있다. 두 번째 도시분야는 주택과 도시 분야에서 사람중심의 도시관리와 서민을 위한 주거안정을 위해 일관되고 뚝심있게 그가 펼쳤던 박원순표 주택과 도시정책을 보여주고 있다. 세 번째 재생분야는 박 시장 취임 전 허황된 욕망을 부추겼던 뉴타운사업을 어떻게 새로운 서울시정의 주택정책에 대한 철학과 방식으로 대전환시켜 서울시민의 주거보장과 강남북간 균형을 추진하였는지를 보여준다. 네 번째 산업분야는 토건사업 대신 기존 산업의 스마트화와 새로운 신산업 벤처화를 통해 청장년과 중소상공인들에게 희망을 주고 일자리를 창출하게 된 과정을 기술하고 있다. 다섯 번째 문화분야는 서울을 문화르네상스의 진원지로 만들고 그 혜택을 서울시민들이 한껏 누릴 수 있도록, 또한 문화조차도 권리임을 정책에 반영하도록 문화시민도시 서울을 만들어간

과정이 소개된다.

　제3장 '더불어 행복한 서울'로 돌봄, 마을·협치, 사회적 경제, 소통, 팬데 믹 등 5개 분야를 포함하고 있다. 첫 번째 돌봄분야는 서울케어로 불려지 면서 영유아, 아동, 노인, 장애인 등의 돌봄이 그 당사자 및 가족의 부담으 로부터 서울시의 책임 영역으로 공공화하자는 커다란 방향 전환이 선언되 고 이를 구체화하는 과감한 시도들을 확인할 수 있는 장이다. 두 번째 마 을·협치 분야에서는 시민민주주의를 형성하고 완성하는 동력으로서 마 을에서 공동체를 스스로 만들고 구정과 시정에서 시민이 어떻게 주체로서 당당히 나설 수 있는지에 대한 10년간 지속된 일관된 철학과 구체적인 실 행의 과정이 잘 나타나있다. 세 번째 사회적 경제 분야는 서울시정에서 채 택한 정책의제들, 대표적으로 돌봄, 커뮤니티, 그린뉴딜 등이 공공성과 지 속가능성을 담보하기 위해 촉발된 사회적 경제 영역을 통해 시민사회와의 파트너십과 함께 관철되어 왔는지를 보여준다. 네 번째 소통분야는 박원 순 시정이 그 이전 불통(不通)의 시정에서는 상상못했던 소통의 시대를 열 었고 서울 청사에서부터 서울시의 모든 정책이 시민에게 공유되는 시민중 심 시정을 이루어낸 족적을 기록하고 있다. 다섯 번째 팬데믹대응 분야는 박 시장 재임시절 발생한 메르스와 코로나 19 감염병으로부터 서울시민 건강의 야전사령관으로서 활약한 구체적인 내막을 보여주고 있으며 이것 이 결국 오늘날 K- 방역의 모태가 되었음을 증거하고 있다.

　제4장 '지속가능한 도시 서울'은 생태·에너지, 재정, 혁신, 청년, 행정 등 모두 5개 분야를 포함하고 있다. 첫 번째 생태·에너지 분야는 미래세대를 위하고 서울의 도시 환경에 가장 강력한 메시지를 던졌던 '원전하나 줄이

기' 사업부터 생애 마지막 시정발표가 되었던 서울의 그린뉴딜 정책에 이르기까지 서울시정에서 행한 선도적인 환경정책들이 기록되어있다. 두 번째 재정분야는 서울시가 짊어졌던 막대한 부채의 덫을 극복하고 새로운 서울, 행복한 서울시민의 삶을 위해 그가 행해야했던 사업에 과감한 재정투자를 하기까지 분투의 역사가 그려져 있다. 세 번째 혁신분야는 그의 가장 대표적인 브랜드임에 맞게 서울시 조직을 바꾸고 모든 시정에 혁신의 기조를 적용하고 서울을 전환도시로 바꾸고자하는 그의 일관된 노력이 드러나 있다. 네 번째 행정분야로서 관료행정이 박 시장 재임 10년을 통해 어떻게 참여행정으로 변모하였는지, 그리고 그것이 어떻게 시스템으로 자리잡게 되었는지를 여실히 보여주고 있다. 다섯 번째 청년분야에서는 서울과 대한민국의 미래를 위해 청년세대를 주목하고 청년들의 희망과 꿈을 지원하는 것에서 나아가 청년들 스스로가 시 조직에 들어와 그들의 정책을 직접 기획하고 실행하면서 주체적 조직화까지 가능하도록 힘쓴 과정들이 기록되어있다.

분야별로 20개의 영역으로 구성되었지만 부득이 3개의 글이 추가되었다. 사회혁신가로 이미 전 세계의 혁신과 협치, 사회적경제의 무대에서 폭넓은 네트워크를 형성해왔던 박 시장이기에 그의 재임시절 서울이 놀라운 성과로 글로벌 차원에서 주목받아 왔고, 이를 증거하는 세명의 국제적 인사가 보낸 글이 실려있다.

박원순 시장의 재임기간은 2011년 10월말부터 2020년 7월 초, 정확히 9년 9개월로 끝을 맞았다. 그를 대신하여 그와 함께 정책을 기획하고 실행하는 과정에서 함께 고뇌하고 때론 좌절하고 때론 흥분하였던 이들이 그 9년 9개월의 역사를 증거하기 위해 원고를 기꺼이 써 주심에 이 책을 엮는 책임을 자임한 디딤으로서는 너무나 감사한 마음을 금할 수 없다.

이 기록은 오로지 정책의 장에서 박시장이 그토록 열망한 10년 혁명의 족적이 무엇이었는지에만 초점을 맞추었다. 인간 박원순과는 별개로 서울시 정책의 최종 책임자로서의 박원순을 조명하는 데에 철저히 집중하였다. 그가 한국의 수도이자 행정의 중심인 서울의 시장을 역임하는 동안 어떤 정책을 통해 어떤 성과를 얻었는지, 경우에 따라서는 어떤 실패를 하였는지를 기록하는 것에 목적을 두었음을 명확히 밝히는 바이다. 이것은 역사적으로, 시대적으로 그리고 사회적으로 반드시 필요하다.

이제 역사가 되어버린 10년 혁명의 족적을 앞으로 수많은 이들이 수많은 방식으로 평가(評價)하고 재단(裁斷)할 것이며 또한 그렇게 되어야 한다. 이 책을 만드는 데에 함께 한 이들과 디딤은 그 평가의 과정 모두를 겸허하게 맞이할 것이며, 우리 역시 이 책자를 시작으로 더욱 냉정하고 철저히 10년 시정을 복기하고 복원하여, 그 성과는 계승하고 한계는 뛰어 넘기 위해 다시 신발끈을 조여 매려 한다.

10년 혁명은 끝났지만 결코 끝나지 않았다.

2021년 7월
혁신정책네트워크 디딤
「서울 10년 혁명」 출간위원회

제1장

사람답게
살 권리
―
서울

아파도 치료받지 못하는
사람이 없는 서울.

"아파도 치료받지 못하는 사람 없이 모두가 누리는 건강 서울"

박원순 서울시장 재임기간 동안 건강정책 목표를 요약하자면 이 한마디로 압축할 수 있다. 이 표현이 처음으로 공식화된 것은 2012년 「건강서울 36.5」 종합계획과 「서울시민 복지기준」이니 전임 오세훈 시장의 재임기간이었던 2011년 상반기를 제외하자면 거의 10년간 지속된 셈이다.

이 목표는 두 가지 핵심 가치를 기반으로 한다. 하나는 '치료받을 권리', 즉 필요한 보건의료서비스를 받을 권리이며, 또 다른 하나는 차별 없이 평등하게 누구나 건강을 누릴 권리다. 이런 목표와 가치를 실현하는데 '공공보건의료 정책'은 주요한 수단이다. 도시 공원을 관리하고 대기질과 안전하게 마실 수 있는 물을 확보하는 등 여러 정책들도 시민 건강에 영향을 미칠 수 있겠지만 질병 예방과 치료 그리고 재활과 일상 복귀를 목표로 한다는 면에서 보건의료정책은 더 직접적이고 가깝다.

지난 10년을 서울시 공공보건의료 정책을 통해 돌아보면 여러 사건이 있다. 무엇보다 2015년 메르스, 2020년 코로나19 같은 감염병은 시민 건강과 생명을 위협하고 일상을 위축시키는 가장 인상적인 사건이다. 2009년과 2010년 '신종플루' 대유행을 감안한다면 2010년대(2011~2020) 시작과 중간, 끝에 모두 감염병이 있다.

10년 동안 우리나라 인구 구성도 상당히 달라졌다. 통계청 조사결과를 보면 합계출산율은 2011년 1.244에서 2019년 0.918로 낮아졌으며 65세 이상 노인인구 비율은 같은 기간 동안 11.0%에서 15.7%로 증가했다. 기대수명은 여성은 84.0세에서 86.1세로, 남성은 77.3세에서 80.3세로 늘어났다. 전국 청년실업률은 9%를 넘나들고 있으며 1인 가구도 상당히 증가해 2019년 전국 1인 가구 비율은 30.2%가 되었다.

이런 인구사회 변화에 발맞춰 서울시 공공보건의료 정책도 다양하게 펼쳐졌다. 감염병 대응 정책은 물론이고 그 외에도 2012년 서울의료원에서 시작한 '환자안심병원', 2017년 시작된 서울형 유급병가 사업, 2019년 본격화된 '서울케어-건강돌봄' 사업 등 여러 새로운 사업을 도입했다. 이중 일부 사업은 중앙정부가 채택해 전국으로 확산되기도 했다.

박원순 서울시장 재임기간 동안 진행한 공공보건의료 정책은 건강정책 종합계획에 압축돼 있다. 구체적으로 보면 〈건강서울 36.5〉(2012년), 〈시민친화 공공의료 강화계획〉(2013년), 〈서울시 감염병 종합대책〉(2015년), 〈건강서울조성계획〉(2018년) 등이 대표적이다. 그렇다면 박원순 서울시장의 서울시가 전개한 공공보건의료 정책은 어떤 방향으로 가고 있었을까? 지난 10년 동안 수행된 수많은 사업은 무엇을 향해 가고 있었는지 살펴보겠다.

 박원순 서울시장의 공공보건의료 정책 첫 번째 특징은 지역사회와 '건강돌봄' 서비스의 통합이다. 이런 움직임은 의료기관, 지역사회, 보건소 등 여러 차원에서 동시다발로 이루어졌다.

 의료기관 차원에서는 2013년 서울의료원에서 시작한 '환자안심병원'은 병원에서 간호사를 늘려 간병까지 담당함으로써 가족의 간병부담을 덜어주는 사업이었다. 또한 같은 해 서울시립병원인 '북부병원'에서 시작한 '퇴원환자 지역 연계사업'은 전체 시립병원으로 확대하며 병원의 담장을 넘어 지역사회와 연계하여 환자의 돌봄을 위한 사업을 시작했다. '환자안심병원'은 2013년 서울시민이 가장 좋아한 서울시 사업으로 꼽혔으며 2015년 '간호간병통합서비스' 이름으로 건강보험 급여사업으로 전환되었다. 문재인정부는 2022년까지 10만 병상으로 확대하겠다는 계획을 밝히는 등 전국으로 확대되고 있다.

 지역사회 변화는 방문건강관리서비스 확대가 대표적이다. 2012년까지는 건강관리가 필요한 저소득 노인층을 위한 서비스였다면 2013년부터 대상을 산모와 영유아로 확대한 방문간호사업 '서울아기건강첫걸음'이 시작되었으며 서울시내 어린이집을 찾아가는 방문간호 서비스도 도입돼 2016년에는 서울시내 2천여 개 어린이집 원아의 건강을 책임지게 되었다. 여기에 2015년 7월 시작된 '찾아가는 동주민센터' 사업으로 주민센터에 배치된 방문간호사가 지역 내 어르신, 사각지대 건강취약층에게 더욱 촘촘한 돌봄서비스를 제공할 수 있게 되었다.

 뿐만 아니다. 건강이란 개인 이슈를 동네로, 지역 이슈로 전환시켰다. 개개인에게는 제한적일 수밖에 없는 공공보건 이슈를 주민이 직접 성찰할 수 있도록 하는 이슈로 이끌어 냈다. 마을주민참여를 위한 소통 매개로 건강이 소환된 것이다. 이 가능성과 성과는 서울시가 해낸 방문건강관리사업의 차별적인 특성이었다.

지역사회 건강을 위한 사업에 약국도 나섰다. '세이프약국'으로 이름 붙여진 '건강증진 협력약국' 사업은 2013년 본격적으로 시범사업이 추진되었으며 환자의 약력관리와 의약품 상담, 올바른 정보 제공, 금연 상담과 자살 예방 사업을 겸함으로써 지역사회 건강돌봄에 참여토록 했다.

보건소도 건강돌봄서비스 확대를 위한 준비에 적극적이었다. 2015년부터 시작해 지금은 모든 서울시 보건소에서 시행중인 '시민건강관리센터' 사업은 건강검진 결과에 대한 상담에서 나아가 건강관리 계획을 상의할 수 있도록 발전한 모델이다. 쉽게 말하면 보건소가 시민 건강관리 주치의가 되는 것이다. 2020년 현재 보건소 공간 협소나 이전 계획이 있는 5개구를 제외한 20개구에 조성이 완료되었다. 이와 함께 보건소에서는 2018년부터 의사와 간호사, 사회복지사, 영양사, 물리치료사 등으로 구성된 '건강돌봄팀'을 만들어 직접 가정에 방문하여 서비스를 제공하는 '서울케어-건강돌봄' 사업이 본격화되었다. 기존의 찾아가는 동주민센터사업에 서울케어-건강돌봄이 추가로 장착되었다는 것은 공공주도형 1차 보건의료의 완성을 뜻한다. 사실 복합만성질환, 알콜중독, 정신질환, 인지기능 저하, 독거, 저소득 문제 등 건강상 여러 문제를 복합적으로 가진 시민을 발견하게 되면 방문간호사 혼자 해결하기 어렵다. 서울케어-건강돌봄은 발굴된 복합 문제를 가진 지역주민을 대상으로 의료-영양-물리치료-운동서비스 등 전문적 건강관리 분야가 협력해 공공보건의료서비스를 제공할 수 있도록 설계되었다.

서울케어-건강돌봄은 이전에 갖추지 못했던 건강과 돌봄의 지속성, 포괄성 측면의 퍼즐을 맞춰 공공보건의료 역할을 확장했다는 것에 가장 큰 의의가 있다. 만성질환 관리를 위한 전문적, 질적, 구체적인 전략으로 공공보건사업에 새로운 활력을 불어 넣었다.

서울케어-건강돌봄의 또 다른 장점은 바로 '팀접근'이다. 현장에서 토론이 이루어지기 때문에 전문인력의 현장성과 의사결정 권한이 강화되었다. 이를 통해 건강문제 해결을 위해 통합적인 사례관리가 가능했다. 이런 점에서 공공에서 주도하는 가정방문형 일차보건의료 제도 마련을 위한 마중물이라고 할 만하다.

이렇듯 서울시에서 전개된 공공보건의료 사업은 '보건의료'와 '지역사회 돌봄'을 연계하고 통합하려는 꾸준한 노력을 기울이면서 이른바 '지역사회 통합돌봄' 사례를 만들고 선도하는 데 앞장섰다.

공공의료에 대한 꾸준한 투자

박원순 서울시장의 공공보건의료 정책 두 번째 특징은 의료사각지대 해소를 위한 꾸준한 공공의료에 대한 투자다. 우선 서울시내 보건소 이외에

2020년 찾아가는 무료진료 및 건강상담으로 서울시 무상의료 정책이 한 발 더 나아갔다.

ⓒ 서울시

'작은 보건소' 역할을 담당하는 이른바 '보건지소'를 2012년부터 2019년 사이 모두 35개소(설치 중인 3개소 포함) 신규 설치해 시민 이용을 편리하게 하고 의료사각지대를 해소하고자 했다. 그 결과 서울시내 보건소와 보건지소를 포함한 보건기관은 현재 모두 73개로 늘어났다.

시립병원 의료서비스도 크게 개선되었다. 어린이병원은 발달센터(2015년)를 열었고 서남병원은 종합병원으로 승격(2019년)시켰으며 서울의료원에는 현재 건축 중인 권역응급센터가 내년 8월 오픈을 목표로 준비 중이다. 보라매병원은 안심호흡기센터를 신설하기로 했다. 강북권에는 어린이병원 신축 설계가 진행중이다.

박원순 서울시장은 2013년 공공병원의 '착한 적자' 해소에도 적극적이었다. 공공병원은 저소득층이나 외국인 등 취약계층 진료와 지역사회 건강사업 등 공공보건의료 사업을 수행하면서 이른바 '착한 적자'가 발생할 수밖에 없는 구조다. 같은 해 경상남도는 적자 누적을 이유로 공공병원인 '진주의료원'을 폐업한 것과는 정 반대 결정이었다. 서울시는 오히려 시립병원이 공공보건의료를 적극 수행하도록 적자를 지원하고 보전하는 투자계획을 설계해 지원했다.

이러한 인프라 확장과 함께 직접적인 의료비 지원 사업도 시작되었다. 2019년 6월 시작된 '서울형 유급병가 지원' 사업이다. 이 사업은 질병이나 부상으로 아파도 치료받지 못하는 자영업 등 건강보험 지역가입자에게 입원이나 검진 등 필수적인 의료서비스를 마음놓고 받을 수 있도록 생활비를 지원하는 제도로 서울시가 전국 최초로 시작했다. 이 사업에 대한 기대와 우려가 교차했으나 코로나19 대응 과정에서 '아프면 쉴 수 있어야 한다'는 명제가 등장하고 중앙정부가 '상병수당'을 검토하기 시작하면서 '서울형 유급병가'는 그 의미를 새롭게 조명받고 있다. 이제는 서울시 공공보건의료의 중요한 한 축을 담당하고 있다.

이렇듯 강화된 공공보건의료 역량은 이번 코로나19 대응에서도 그 저력을 발휘했다. 다른 지역에 비해 상대적으로 많은 공공의료 역량으로 시민 치료에 앞장섰다. 앞으로 공공의료 인력 확충과 지역별로 더욱 촘촘하고 강한 공공의료 서비스를 위해 해야 할 일이 남아 있지만 박원순 서울시장이 이끌던 서울시는 공공보건의료에 대한 투자를 소홀히 하지 않았다.

다음 세대를 생각하는 아동 · 청소년 건강정책 강화

영유아를 비롯한 아동과 청소년 대상 건강사업을 크게 확장시켰다는 점도 놓쳐서는 안되는 중요한 특징이다. 성인에게 나타나는 건강격차 수준이 다음 세대인 우리 아이들에게 이어지거나 확대되지 않도록 한다는 점에서 아동 및 청소년 건강정책은 중요하다.

이 분야에서 박원순 서울시장의 서울시가 최초로 시행한 사업은 매우 다양하고 많다. 시간 순으로 보자면 2012년에는 서울시가 전국 최초로 아동 청소년을 위해 '국가 필수 예방접종'을 전면 무상화했고 중앙정부도 영향을 받아 이듬해 전국적으로 무상화를 확대시행하게 되었다. 2013년 서울시는 임신부터 출생아 24개월까지 전문적 훈련을 받은 간호사가 사회복지사와 함께 정기적으로 방문하여 산모와 아기의 건강을 관리하는 '서울아기 건강첫걸음' 사업을 시작했다. 이 사업 역시 2020년부터 보건복지부가 채택하여 전국적으로 시범사업을 시작하는 것으로 확대되었다.

한편, 초등학교 4학년 학생을 대상으로 '치과주치의' 제도를 2013년 전국에서 처음으로 도입해 구강건강 서비스를 제공했다. 경제적 수준에 따라 아이들이 치과의료를 제때받지 못할 확률이 두배 가량 높아지는 문제에 대하여 연간 1인당 4만원 정도 비용으로 아이들 구강건강을 지켜주는 사업으로서 비용 대비 효과적인 사업으로 언론의 주목을 받았다. 이 사업 역시 중앙정부가 건강보험과 연동하여 전국적으로 확산하기 위한 준비에 착수했으나 2020년 코로나19 유행으로 등교가 미뤄지며 본격적인 사업시행이 연기되고 있을 뿐이다.

이 외에도 2012년부터 서울시내 민간 어린이집을 대상으로 방문간호사업을 시행하여 아이들의 건강관리사업을 시작했고 2014년 학교밖 청소년(靑少女)에게 건강돌봄과 상담 및 지원서비스를 제공하는 '소녀돌봄약국' 사업을 시작해 현재 서울시내 여성 약사가 운영하는 200여 약국을 통해 진행되고 있다.

한편 2017년에는 시립 어린이병원에 발달센터를 개설해 발달장애 아동을 위한 서비스와 함께 가족돌봄을 제공하고 있다. 어린이병원 사례는 2017년 대통령 선거를 거치면서 '공공어린이재활병원' 건립 정책으로 발전하여 현 정부가 추진 중이다.

이렇듯 박원순 서울시장의 서울시 공공보건의료 정책은 아동과 청소년을 위하여 다양한 접근을 시도하였고 그 결과 서울을 넘어 전국으로 확산되고 있다.

시민참여와 건강마을 만들기 사업

박원순 서울시장의 서울시정에서 핵심이 되는 철학 중 하나는 시민참여라고 할 수 있다. 서울시 공공보건의료 정책에서도 이와 같은 시민참여 특징은 그대로 녹아있다. 2014년 1월 9일 제정·시행된 「서울특별시 시민건강관리 기본 조례」는 30명 이내 규모로 시민건강위원회를 설치하여 서울시 공공보건의료 정책 및 건강정책에 대한 심의와 자문 역할을 수행하도록 했다. 이와 같은 조례와 함께 시민건강위원회는 전국 지방자치단체 최초로 제정, 시행되어 다른 지역으로 확산되고 있다.

시립병원에도 유사한 사례가 있다. 「서울특별시 시립병원 설치 및 운영에 관한 조례」에서도 2013년 개정을 통해 서울시 12개 전 병원에 '시민참여위원회'를 설치하도록 의무화하였다. 또한 2014년부터 '환자권리옴부즈만'을 설치·운영하여 서울시 공공의료 이용 과정에서 발생한 환자권리 피해 사례를 조사하고 대책을 수립해 서울시와 시립병원에 건의토록 하고 있다.

시민참여는 위원회 뿐만 아니라 여러 지역사회 현장에서 직접 구현되었다. 시민참여 건강사업의 대표적인 예는 2015년 시작된 '지역사회 건강생태계 조성사업'을 꼽을 수 있다. 주민이 스스로 마을에서 건강에 영향을 미치는 문제를 찾고 우선순위를 정해 직접 해결하면서 건강한 마을을 만들어 가는 사업이다. 성북구 주민이 자발적으로 독거노인 건강을 돌보는 '마실친구와 찾아가는 건강박스 사업'이나 은평구 '서로돌봄까페'를 중심으로 건강돌봄 자원 활동을 활성화한 사업 등이 대표적이다. 이런 사업 경험이 쌓인 강북구와 금천구 주민은 '동주민자치회' 활동에도 직접 참여해 마을 건강 사업을 이어가고 있다.

'시민참여예산'으로 진행된 사업 중 다수도 주민이 직접 참여하는 건강마을 만들기 사업과 연관되었다. '시민참여예산'이란 서울시 예산 수립 과정에서 시민 요구와 제안에 의해 직접 사업이 채택되고 서울시 예산으로 배정되어 추진되는 사업인데 서울시가 2013년에 전국에서 최초로 도입, 시행하였다. 주로 지역사회의 요구가 사업으로 제안되었는데 건강분야만 골라보면 2019년까지 7년 간 모두 59개 사업에 63억원이 지원되었다. 2019년 '정신장애인 당사자 인권활동 프로젝트', '지역아동센터 실내환경 관리', '알코올 중독자와 함께하는 지역사회 환경조성' 사업 등이 그 예이다.

2011년 이후 서울시 보건의료정책의 큰 변화는 건강이 '안전', '생명', '상생' 가치와 연결되고 확장되었다는 점이다. 감염병에 안전하기 위해서는 인간이 자연과 함께 건강해야 함은 긴 설명이 필요없는 이야기다. 그러나 건강정책이 동물정책과 먹거리 정책으로 연결되며 확장된 점은 서울시 만의 독특한 시도였다. 대도시인 서울이 갖는 정책의 한계를 전제하면서도 동물과 농업 정책의 연결고리를 찾아냈기 때문이다.

동물에서는 반려동물과 길 고양이를 중심으로 정책이 입안되어 반려동물 놀이터로 시작해서 동물복지센터 설립, 반려동물 행동 교정, 길고양이 보호 등으로 확장되었다. 농업에서도 학교나 복지관의 공공급식을 지역 로컬푸드와 연결하려는 시도가 이루어졌다. 이를 통해 지역 농업을 살리고 시민에게는 건강한 먹거리를 제공하는 건강과 생명, 상생의 가치를 실현하는 정책으로 확장되고 있다. 아직 시작 단계에 불과하지만 서울이라는 대도시에서 농업의 의미를 재탐색하고 건강한 먹거리 보장으로 연결함으로써 시민건강을 위한 정책 폭을 확대하는 의미를 생각해 볼 수 있다.

이상에서 지난 10년 박원순 서울시장의 공공보건의료 정책 특징을 살펴보았다. 새로운 여러 사업이 만들어졌고 중앙정부가 채택해 전국으로 확산된 사업도 한두가지가 아니다. 그만큼 상황과 시대 요구를 파악하고 필요한 사업을 앞서서 시행했다는 뜻일 것이다.

하지만 아직도 우리가 가야할 길은 멀다. 감염병과 기후변화 등으로 인한 재난 위험은 상존하고 있으며 인구구조는 급변하고 사회불평등은 여전하다. 이 가운데 시민 건강과 생명을 지키고 시민 일상을 보호하기 위해 서울시 공공보건의료는 전략적 의미가 강한 정책이다. 이런 점에서 지난 10년을 돌아보며 시민의 '건강안보'를 위한 공공보건의료의 새로운 출발선을 다시 확인해야 할 때이다.

무상급식으로 시작하고 마을공동체로 확장하다

교육을 아는 정치인 박원순

2011년 10월 27일 대한민국 최초로 친환경 무상급식 시대가 열렸다. 무상급식을 반대한다며 주민투표에 직을 걸었던 전임 시장이 사퇴하고 10월 26일 치러진 서울시장 보궐선거에서 당선된 박원순 서울시장이 인수위원회도 없이 바로 업무를 시작한 후 행한 제1호 결재가 '초등학교 5·6학년 무상급식 예산 지원 승인'이었다. 이 결재로 대한민국 최초의 보편적 복지 정책이라 할 무상급식이 제도로 자리 잡았다.

'박원순 서울시'에서 시행한 무상급식 지원 정책은 급식에 소요되는 예산을 서울시교육청(50%), 서울시(30%), 25개 자치구(20%)가 공동으로 분담하는 모델로, 어린이·청소년을 위해 시·도교육청과 광역 및 기초자치단체가 전면적으로 협력하는 최초의 정책 모델이었다. 광역 시·도단위의 무상급식은 김상곤 경기도교육감이 처음 시작했지만 경기도가 예산을 분담하지 않는 구조였으나 서울시에서는 박원순 시장 당선으로 3개 자치 단위가 재원을 분담하는 구조가 된 것이다. 1995년 지방자치단체장 직선제, 2007년 교육감 직선제 도입 이후로 경쟁적이던 광역 자치단체장과 시·도교육감 관계는 박원순 서울시장 당선으로 기초자치단체장을 포함한 3자 간의 전면적인 협력관계로 전환됐다.

박원순 서울시장은 대한민국 교육이 무엇을 위해 어떻게 달라져야 하는지를 아는 정치인이었다. 소셜 디자이너로서 교육자와 마을 활동가의 협력을 촉진해 마을공동체가 마을교육공동체로 거듭나야 한다는 점을 깊이 이해한 사회운동가이자 행정가였다.

박원순 서울시장은 소셜 디자이너로 활동하며 교육 관련된 책 두 권을 썼는데 그 중 『마을이 학교다』(검둥소, 2010)라는 책에서 '마을교육공동체'의 실마리를 찾을 수 있다. 2010년 6월 세상에 나온 이 책은 박원순 서울시장이 희망제작소 상임이사로서 작은 학교 살리기 현장 등 교육 문제를 해결하기 위해 국내 작은 학교나 대안학교를 탐방하고 교육실천가나 교육운동가를 만나 나눈 이야기다.

박원순 서울시장은 이 책 1부에서 '공교육의 대안, 학교 밖 학교 이야기'로 풀무학교, 성장학교 별, 성미산학교, 하자센터 등의 이야기를 담았으며, 2부에서는 '공교육이 달라졌다, 작은 학교 이야기'로 남한산초, 거산초, 삼우초, 세월초, 조현초 등 이야기를 담았다. 3부에서는 '따로 또 같이, 학교 밖 아동 청소년 교육공동체'로 청소년문화공동체, 어린이도서관, 산촌유학센터, 공부방 등 사례를 담았다. 4부는 '새로운 교육 모델을 찾다'로 수유너머, 공간민들레, 참교육학부모회, 평생학습을 주장한 고병헌 교수 등의 이야기를 담았다. 이 책에서 구상한 '마을교육공동체'는 결국 '박원순 서울시'

의 서울형혁신교육지구 사업을 통해 찾아 볼 수 있다.

박원순 서울시장이 쓴 또 다른 한 권은 『핀란드 교육혁명』(살림터, 2010)이다. 『핀란드 교육혁명』은 2009년 1월에 북유럽 탐방팀이 함께 쓴 책으로 당시 방문한 학교에서 보고 들은 것을 박원순 서울시장의 속기록을 바탕으로 이용관 선생이 다듬어 정리했다.

북유럽, 특히 스웨덴과 핀란드는 유치원에서부터 대학원 졸업 때까지 학비가 전혀 없고 고등학교 이후에는 학업지원금을 지원하는 완전한 무상교육 시스템을 갖추고 있다. 이를 가능하게 했던 것은 교육이 모든 시민의 성장과 발달, 민주적인 공동체 유지와 발전을 위해 모든 이들에게 보편적으로 제공되어야 하며 국가는 모든 국민이 지역이나 성별, 인종 등 어떤 이유로도 차별받지 않고 동등한 교육을 받을 수 있도록 지원해야 한다는 교육 철학이 확고했기 때문이다. 무상급식이나 서울시립대 반값 등록금 등 정책이 북유럽 탐방을 통해 확고해진 교육 철학 덕분이었으리라 짐작해본다.

교육의 민관협치 시대가 열리다

시민운동가 출신 박원순 서울시장의 시대는 시민운동의 창발적인 아이디어와 에너지가 서울시정에 적극 반영되는 시대, 민과 관의 전면적인 협력과 협치가 시작된 시대였다. 특히 교육시민운동과 어린이청소년 운동을 펼쳤던 시민단체는 박원순 서울시장과 적극 소통하면서 협력과 협치를 발전시켰다.

교육 시민단체와 박원순 서울시장 후보 간 협치를 위한 중요한 근거는 서울시장 보궐선거 국면에서 마련됐다. 선거 직전인 2011년 10월 21일 친환경 무상급식 확대를 포함한 7가지 정책 요구를 제시하고 박원순 후보와

정책 협약을 맺은 것이 그것이다. 당시 맺었던 정책협약 주요 내용은 무상 급식 외에도 △시립대 반값 등록금 △일반계고까지 무상교육 확대 △어린이청소년 복지 증진 △청소년 문화서비스 제공 △학교혁신을 위한 서울시 교육청과 협력 △교육 · 복지 · 문화 지원 민관 협력 기구 구성 등이었다.

박원순 후보가 당선된 뒤 정책협약에 근거해서 서울시와 교육청, 교육 시민단체 대표 등이 참여하는 '교육 · 복지민관협의회'가 구성되었고 이 기구는 박원순 시장 임기 내내 교육혁신, 어린이 · 청소년 복지 정책 등을 협의하는 협치 기구로 작동하게 된다. 이렇게 하여 어린이와 청소년을 위한 정책이 시민 참여를 통해 수립되고 협치적으로 실행되는 박원순 서울시장 시대가 열렸다.

교육자치가 일반자치와 만나다

박원순 서울시장 임기는 교육자치와 일반자치의 전면적인 협력 시대였다. 2011년 10월 27일 서울시장에 취임하고 2012년 9월 27일까지는 곽노

제1장 사람답게 살 권리 — 서울 **29**

현 교육감과 함께 협력의 기초를 다졌다면, 2014년 7월1에 취임한 조희연 교육감과는 서울형 혁신교육지구 사업 등을 통해서 실질적이고도 전면적인 협력을 구체적으로 진전시켰다.

2012년 5월 14일 발표한 서울교육희망공동선언은 어린이와 청소년이 행복하게 성장·발달할 수 있는 교육도시 서울을 만들기 위해서 곽노현 교육감과 박원순 시장, 허광태 시의회 의장, 고재득 구청장협의회장, 김옥성 서울교육희망네트워크 대표 등이 공동의 비전을 위해 협력할 것을 천명한 것으로 서울시 지방자치 역사에 큰 획을 그었다.

서울교육희망공동선언은 △'한 아이를 키우는 데 온 마을이 필요하다' △한 명도 포기하지 않고 모두에게 좋은 교육을 △OECD 국가 수준의 공교육을 위한 여건 및 제도 개선 △미래를 향한 교육의 지평 확대 -먹을거리·독서·생태·건강- △아이와 미래를 위한 전면적인 소통과 협력의 길 등 다섯 가지 범주 20개 정책방향을 담았다.

2014년 6월 4일의 지방선거는 서울시에서 교육혁신과 어린이청소년 지원을 위한 정책 협력이 이전과는 다른 차원으로 본격 전개되는 새로운 시대를 열었다. 박원순 시장이 재선에 성공하고 조희연 서울시교육감이 당선됨으로써 교육자치와 일반자치가 전면적으로 협력하는 시대, 자치구와 마을에서 어린이청소년을 지원했던 마을 활동가와 학부모, 시민이 적극 참여하는 본격적인 민관 협치 시대가 열린 것이다.

2014년 11월 17일 박원순 시장과 조희연 교육감은 '상생과 협력의 글로벌 교육혁신도시 서울선언'을 발표했다. 이 선언은 시장과 교육감 두 사람이 함께 한 선언이었지만 준비과정에서 교육복지민관협의회를 비롯한 민간 영역이 적극 참여해 사실상 민관이 함께 이뤄냈다. 선언 1년 후인 2015년 서울시와 교육청, 자치구는 예산을 5억원 씩 투입하고 민간과 학교를 참여시켜 서울형혁신교육지구 사업이라는 구체적인 선언의 결과물을 만들어 내기에 이르렀다.

서울형 혁신교육지구, 마을공동체를 가꾸다

서울형혁신교육지구 사업은 2015년부터 지금까지 박원순 서울시장과 조희연 서울시교육감, 11개 자치구청장이 협력해 예산을 투여하고 민간이 적극 참여해 함께 만든 협치 사업이다. 이 사업을 계기로 서울시와 교육청, 자치구 공무원은 새로운 소통과 협력을 시작했고, 마을 활동가, 시민사회, 학부모와 학생 등의 참여와 자치를 활성화했다.

우여곡절도 겪었다. 혁신교육지구 사업은 김상곤 경기도교육감 취임 초기에 경기도교육청이 6개 시와 대응 투자해 운영한 기초자치단체 단위 프로젝트였다. 사실 서울에 도입된 모형도 경기도에서 행해진 것이었다. 2012년 서울 금천구청 제안에 구로구가 참여하면서 서울시교육청이 대응 투자 하는 혁신교육지구 사업이 서울로 확산됐다. 2014년 서울시교육청이 예산 지원을 하지 않으면서 박원순 서울시장이 참여할 길이 열렸다. 당시 교육 주체인 서울시교육청이 빠진 채로 일종의 과도기처럼 '교육우선지구 사업'이 추진되었으나 2015년부터 서울시와 서울시교육청, 기초단체장이 참여해 참여와 협치(거버넌스)가 핵심이자 기본 원칙인 서울형혁신교육지구 사업이 본격적으로 진행될 수 있었다.

서울형혁신교육지구 사업은 서울시, 서울시교육청, 자치구가 대응 투자해 조성한 15억원 안팎의 재원을 활용했다. 자치구 단위로 학교 교육활동을 지원하거나 마을학교를 운영하는 등 다양한 프로젝트를 수행하면서 어린이청소년에게 최상의 성장 환경을 마련해주기 위해 노력했다. 특히 서울시와 자치구 공무원들의 적절한 행·재정적 지원, 마을활동가·학부모·시민의 창의적인 아이디어와 열정, 참여가 어우러진 운영 방식으로도 주목받았다.

이들은 학교가 더 좋은 교육을 제공할 수 있도록 협력했고 청소년을 위한 공간과 시설을 활성화했으며 마을 학교는 다양한 방과후 프로그램을 개설하는 등 어린이청소년의 건강한 성장과 발달을 지원하기 위해 뜻을 모았다. 이런 노력은 어린이청소년 뿐만 아니라 자연스럽게 마을교육공동체 활성화로 이어졌다. 혁신교육지구 사업은 그 자체로 마을교육공동체를 가꾸는 사업으로 발전됐다. 2010년 「마을이 학교다」라는 책을 통해 꿈꿨던 마을과 학교의 상생이 5년 뒤 행복한 삶을 가꾸는 마을교육공동체로 거듭날 수 있었던 것은 박원순 서울시장과 함께 했기에 가능했다. 2015년 11개 자치구에서 시작해 2년 단위로 사업 계획을 발전시킨 서울형혁신교육지구 사업은 2019년부터 서울 25개 모든 자치구에서 진행 중이다.

'한 아이를 기르기 위해서는 온 마을이 필요하다', '마을이 학교다'라는 명제를 붙들고 박원순 서울시장과 교육시민단체, 마을활동가, 청소년이 함께 만들어 온 서울형혁신교육지구와 마을교육공동체는 대한민국의 새로운 시대를 여는 표준이 되었다. 막대한 예산을 투여하는 대신 최소한의 예산으로 어린이청소년과 학교를 지원하며 마을을 살리고 교육공동체를 가꾸는 것은 이제 특정 지역만이 아니라 모두가 함께 해야 할 시대적인 과제다.

'특히 학교를 중심으로 사고하면서 어린이청소년에 관한 모든 일을 교사에게 맡기려 했던 지난 시대 관행을 뛰어넘어 자치구와 지역사회, 마을이 나서서 어린이·청소년 문제를 함께 해결하려는 흐름이 생겨나고 있다. 학교교육이나 교사들 힘만으로는 해낼 수 없는 마을학교, 마을방과후 프로그램 등이 활성화되고 마을이 가진 다양한 인적 물적 자원이 학교와 결합하여 어린이청소년의 성장과 발달을 위한 새로운 생태계가 만들어지기 시작했다. 그 중심에는 마을이 활성화되어야 어린이청소년의 안전하고 건강한 성장이 가능하다는 깨달음, 즉 마을교육공동체의 중요성이 자리잡고 있다.

특히 2020년 코로나19 팬데믹 위기를 겪으며 학교와 마을이 함께 하는 마을교육공동체의 필요성과 중요성을 절감하면서 서울형혁신교육지구 사업을 한 단계 업그레이드하기 위한 노력이 시작되었다. 감염병으로 인해 학교가 온라인 교육으로 전환하는 비상 시기에 어린이청소년을 위한 돌봄과 키움의 공동체로서 마을교육공동체 필요성이 절실하게 요구되고 있다. 서울형혁신교육지구 사업으로 시작된 마을교육공동체 가꾸기 운동은 서울은 물론 전국 자치구와 마을이 소통하면서 새로운 차원으로 진화하고 있다.

'어린이청소년 특별시 서울'을 향한 도전은 계속된다

오늘날 어린이청소년 문제는 학교와 교사들로 이뤄진 전통적인 '교육'의 힘으로 감당하기 어려워졌다. 정보통신 기술의 급속한 발달, 갈수록 극심해지는 빈부격차, 다문화 가정 등의 사회 구조적인 문제가 복합적으로 얽혀있기 때문이다.

나아가 '교육' 그 자체도 전통적인 학교의 권위나 교사의 전문성 또는 사명감만으로 완결될 수 없는 시대다. 무한 경쟁교육을 부추겨 온 사회구조, 입시학원의 질주, 갈수록 목소리가 높아지는 학부모 요구 등은 교사나 학교 노력만으로 해결하거나 충족시킬 수 없다. 어린이청소년을 돌보고 키우고 교육하는 일, 어린이청소년을 둘러싸고 발생하는 사회문제는 우리 사회가 가진 모든 역량을 투입해도 해결하기 쉽지 않은 시대가 된 것이다. 최근에 급증하는 어린이청소년 대상 범죄나 돌봄과 복지 사각지대 문제는 더 이상 방치할 수 없는 문제이자 행복한 삶의 공동체를 가꾸는 데 가장 큰 도전이 되고 있다.

이제라도 우리는 어린이청소년의 행복한 삶을 보장해주는 일, 더 좋은 교육과 더 좋은 성장환경을 만드는 일, 어린이청소년은 물론 어른도 행복한 사회를 만들기 위한 특단의 노력을 시작해야 한다. 경쟁 만능의 늪에서 극소수만이 살아남고 대다수는 불행해져야 하는 현실을 넘어서 모든 사람이 함께 행복한 마을교육공동체를 만들어야 한다.

이제 박원순 서울시장과 함께 꿈꾸며 만든 '교육도시 서울'의 성과를 바탕으로 아주 새로운 상상과 실천을 준비해야 한다. 어린이와 청소년을 갖가지 지원 사업의 수혜자나 복지 대상으로 제한해서는 안 된다. 새롭게 상상하고 도전하면서 자신의 세상을 만들어가는 주체로, 당당한 시민으로 인정받고 존중하는 분위기를 조성하는 동시에 아낌없이 지원해야 한다. 무엇보다도 어린이청소년을 존엄한 존재이자 성인과 다름없이 자기 나름의 생각과 가치지향을 가진 존재로 인정하고 존중하는 시대를 활짝 열어야 한다. 어린이청소년이 행복한 서울을 만드는 일, 그것이 박원순 시장이 우리에게 남긴 염원일 것이다.

서울 도봉구는 '자연에서 배우고 마을에서 키우는 사람중심 교육도시' 조성의 기반을 닦는 2021년 도봉혁신교육지구 마을학교'를 운영
ⓒ 도봉구청

노동존중특별시, 고장 난 노동을 고치다

어떤 노동정책이 필요한가의 물음

서울시는 지방정부 최초로 2015년 「노동정책 기본계획」을 발표 했다. 우리나라 지방정부에서는 지역 차원의 노동정책이 전무했던 실정이었던 것을 고려할 때 매우 획기적인 일이었다. 지방자치제도가 시행 된 지 20년 만의 첫 성과이기도 했다. 그간 지자체의 노동정책은 경제정책과나 일자리정책과의 한 팀에서 다루는 정도였다. 노동문제가 경제나 산업정책의 하위 영역 혹은 고용의 한 부분으로 인식되었던 것이다.

그러나 지난 10년 서울시 노동정책에는 고용안정(비정규직 정규직화), 소득향상(생활임금제 시행), 일과 삶의 균형(노동시간 단축), 경영참여(노동이사제), 노동안전(산업재해, 감정노동)과 같은 주요 정책을 담았다. 이런 정책이 가능했던 것은 2011년 「서울시민의 권리선언」에서 엿볼 수 있다.

"서울시민은 능력에 따라 직업을 가지고 일할 수 있는 권리를 가진다. 서울시는 노동기본권을 보장하고 고용 안정 및 증진과 적정한 임금 보장을 위해 노력한다."

- 서울시민 권리선언(2011.10.19.) -

그간 서울시에서 시행한 각종 노동정책은 한국사회 노동 현실을 생각할 때 결코 가벼이 평가할 수 없는 그 이상의 의미가 있다.

되짚어보면 초기 서울시 노동정책의 첫 번째 과제는 '노동교육' 강화였다. 노동교육은 기존의 단순 노동법 소개에 머무르지 않았다. 대화와 토론의 참여형 교육 방식을 취했다. 정규 교과과정에 포함하진 못하더라도 노동 감수성을 높이는 방식을 택했다. 몇 년 후 서울교육청과 서울시는 노동인권 교육을 공동으로 진행했다.

또한 서울시 노동정책은 다양한 전문가 그룹과 이해당사자의 참여를 통해 구체화되었다. 어떤 정책과 사업의 실행 과정에서 이해관계자를 배제하면 안 된다. 편리함과 효율성만 강조해도 안 되고 산업경제만 강조해도 안 된다. 이해관계가 매우 첨예한 노동문제는 특히 시간이 더 필요한 영역이다. 때문에 국가는 시민에게 정책 내용을 설득하고 강요할 것이 아니라 이것이 국가의 정책이라고 확인시켜주어야 한다. 서울의 노동정책은 이해당사자의 참여 속에 진행되었다. 또한 노동자종합지원센터(Labor center)와 같은 중간지원조직을 통해 포괄적인 노동정책이 투영되고 있다.

지난 10년 '노동과 함께'한 서울의 모습은 '일하는 시민'과 그 첫발을 내딛기 위한 시작이었다. 물론 과거 몇몇 정책을 보면 미흡함도 있었고 한계도 많았다. 그러나 보수정부 10년. 어둠의 터널에서 서울시는 정책의 상상력과 새로운 실험을 하나 하나 실행했다.

서울에서 만난 노동, '삶의 가치'

서울시는 지난 10년 좋은 일자리(decent work)를 만들었을까. 절반은 성공한 것 같다. 중앙정부나 많은 지자체가 서울시 노동정책에 관심을 기울인 것에서 어느 정도 성공적인 평가를 받을만하다. 서울시는 더욱 혁신적으로, 더 깊고 촘촘하게, 더 가까운 정책을 만들었다. 서울이라는 공간은 1953년에 만들어진 「근로기준법」과 「노동조합 및 노동관계조정법」에서 고민하지 못한 노동정책을 구현하는 '실험실'이었다. 그간 노동정책은 중앙정부(노동부) 담당 업무였기에 서울시라는 지방정부가 노동정책을 추진한다고 했을 때 내외부로 부터 우려의 목소리가 많았다.

사실 서울시에서 '지방정부'라는 표현을 사용한 것도 이런 상황을 돌파하기 위한 의도도 있었다. 무엇보다 서울시는 국내 최초로 노동정책 조례 제정, 행정조직 설치, 정책과 사업, 지원조직(노동센터), 거버넌스(위원회 등)를 제도화했다. 서울시는 '노동존중특별시'를 모토로 "법제도 사각지대를 해소하고 취약층 문제에 집중하겠다"는 정책 방향을 제시했다. 이는 서울시부터 모범 사용자(good employer) 역할을 강화하여 민간부문의 왜곡된 노동시장이나 부당한 현실을 개선하겠다는 의지의 표상임을 엿볼 수 있다.

서울시 노동정책은 도시의 좋은 일자리 모델을 제시한 첫 사례. 서울의 노동정책은 IMF 구제금융 이후 비정규직 증가나 저임금 노동자 문제와 같은 시대적 문제와 맞닿아 있다. 지난 10년 동안 서울시는 모범사용자로서 공공부문 역할을 강조했다. 그래서 일까. 도시의 좋을 일자리를 만들기 위해 노력했고 '노동의 권리'가 노동정책에 주요한 원칙으로 제시되었다. 불평등한 노동을 해결하기 위한 서울시 노동정책은 다양한 영역에서 실현된다. 가장 열악한 노동자 문제부터 접근했고 절박한 현실의 버팀목이 되기 위해 노동의 권리를 보장하기 위한 제도적 기반을 수립했다.

고용안정과 차별을 해소하기 위한 서울시 비정규직의 정규직 전환은 존중받는 노동의 실현이자 '동일가치노동 동일임금'을 실현하고자하는 철학의 시작이었다. 일터에 출근해서 신분증이 아니라 출입증을 받았던 노동자들에겐 전혀 생각해보지 못한 현실이었다. 폭언이나 성희롱 등 비인권적인 일터가 바뀌었다. 협력업체 관리소장의 호출에 두려움을 떨지 않아도 된다. 연말 재계약을 앞두고 어떤 선물을 해야 하나 고민하지 않아도 된다. 제도적 사각지대가 실질적 사각지대를 만들었지만 서울시는 구조적 모순과 제도를 바꾸었다.

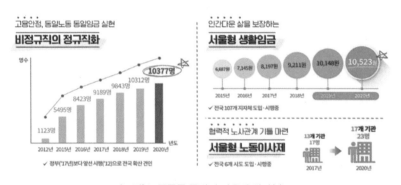

[그림] 노동존중 특별시 서울의 성과(1)

2016년 구의역 김군 사고도 마찬가지다. 서울시로서는 가슴 아픈 일이다. 우리나라는 하루 4시간 마다 노동자 1명이 산재사고로 목숨을 잃고 5분 마다 1명이 일터에서 재해를 입는다. 젊은 노동자의 허망한 죽음 앞에서 시민은 할 말을 잃었고 소리 없는 추모의 외침은 '위험의 외주화를 끊자'는 사회적 요구로 이어졌다. 이에 구의역 9-4번 승강장의 상흔에 서울시는 답을 마련했다. 서울시는 구의역진상규명위원회 권고를 받아들여 안전 관

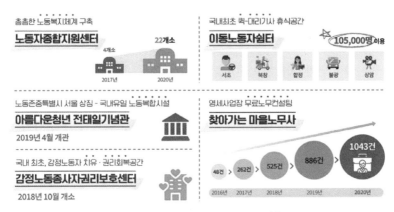

[그림] 노동존중 특별시 서울의 성과(2)

련 업무나 위험 업무를 직영화해 안전을 충분히 고려하며 작업할 수 있도록 조치했다. 이윤이 아닌 사람 중심 철학을 확고히 한 것이다. 이는 향후 2018년 김용균 태안화력발전소 사고와 맞물려 2020년 「중대재해기업처벌법」(2021년 「중대재해기업법」 명칭 변경 국회 통과) 논의를 촉발시키는 계기가 되었다.

노동문제와 관련해 최저임금 인상을 둘러싼 사회적 논쟁은 매년 반복되는 일이 되어버렸다. 그러나 이 논쟁에 앞서 우리는 '우리 사회에 어떤 임금이 필요한가'라는 근본적인 물음을 던져야 한다. 서울 시민에게 "월 182만 원(시급 8,720원)으로 한 달 생활할 수 있습니까?"라고 질문하면 어떻게 답을 할까. 사실 서울시에서 주목한 생활임금은 '인간다운 삶이 가능한 수준으로서 임금'혹은 '기본적인 욕구를 포함해 필요한 임금'에 대한 최소한의 답이다. 서울시 생활임금은 생산비용 중 하나로 시장에 맡겨진 임금이 아니라 인간다운 삶의 실현이 가능한 임금이다. 특히 서울시 생활임금은 사회적 임금(social wage) 성격을 갖는다. 자영업자 · 특수고용노동자 · 플랫폼노동자 · 프리랜서 등에게 지원하는 유급병가 · 휴가비 등은 서울시가 사회구성원에게 예산을 책정하는 기준임금이기 때문이다.

평등한 시민권, 촘촘한 사회적 안전망 만들기

기술발전과 산업구조 변화에 따라 기존과 다른 새로운 계약과 고용이 증가하고 있다. 특수고용노동자·플랫폼노동자·프리랜서·1인 사업자 등이 대표적이다. 모두 일하는 시민이고 겉모습만 보면 행복한 것처럼도 보일 수 있지만 그 이면에는 치명적인 문제, 즉 노동자로서 누려야할 권리가 불충분하다는 문제가 도사리고 있었다. 고용보험 및 산재보험, 유급병가와 휴가, 모성보호 등과 같은 그 어떤 제도적 권리를 보장받지 못했다. 헌법이 보장한 사회구성원의 보편적 권리를 법률로 배제한 것인데 차별을 법으로 허용한 것이다. 일터에서 불안정 고용이나 자영업 노동시장의 사각지대는 한 두 가지가 아니다.

이런 현실에서 촘촘한 사회적 안전망은 이들에게 더 필요하다. 국가는 인간이 삶을 유지하고 사회적 활동을 하는 데 필요한 최소한의 제도를 만들어야 한다. 한 사람의 시민으로 살아갈 권리가 무엇인지에 답을 내놓을 책임은 지방정부에도 있다. 서울시는 지난 10년간 다양한 제도적 지원과 보장을 모색했다. 영세자영업자·특수고용노동자 등에게 유급병가나 휴가를 지원한 것 등이 대표적이다. 아파도 병원에 가기 어려운 저소득 시민에 대한 소득지원 성격을 담고 있다. 코로나19 시기 '아프면 쉰다'는 사회적 바람을 먼저 실행했다.

지난 10년, 서울시 노동정책은 시민권을 보장하는 사회적 안전망을 하나하나 만들어 왔다.

물론 일하는 사람의 권리를 보장할 필요성은 인식하지만 어떤 권리인가에 대해서는 생각이 다르다. 최저임금이나 전국민 고용보험 등에서 그러한 생각의 차이가 사회적 논쟁으로 발전한 것이다. 개별 정책 모두 시민이라면 누려야 할 권리라기보다는 하나의 조건으로 판단하는 사람이 많았다. 다니던 직장에서 해고나 구조조정이 발생하면 실업급여를 적용받는다. 그러나 실업급여제도가 만들어진 역사는 길지 않고 적용자도 일부에 한정된다. 이런 현실에서 빈곤 및 재취업 등을 위한 다양한 사회적 보호를 생각하기는 어려운 조건이다. 프랑스나 덴마크 같은 곳에서는 오래전부터 시행되었던 것인데 우리는 이제 시작이다.

지난 수십년 동안 경제가 발전하고 부는 더욱 증가하고 있는데도 소득 불평등은 줄지 않았다. 게다가 코로나19 펜데믹(pandemic) 경험은 이전과 다른 새로운 사고를 요구한다. 코로나19와 같은 바이러스의 피해는 결코 평등하지 않기 때문이다. 바이러스는 사회적 약자(여성 · 청년 · 고령)와 불안정 노동자(임시일용직 · 특수고용 등)에게 더 가혹했고 불평등했다. 코로나19는 이들에게 세 번의 충격을 가했다. 고용을 파괴하여 소득

문재인 민주통합당 대선후보가 전태일 열사 42주기를 맞아 2012년 11월 13일 오후 서울 종로구 창신동 버들다리에서 전 열사의 동상에 헌화, 묵념하고 있다. ⓒ 뉴스1코리아

손실을 가중시켰고 학업과 교육훈련 같은 학습도 중단시켰다. 노동시장에 진입하거나 일자리를 이동하려는 사람까지 방해했다. 위기는 기존의 불평등을 더욱 심화시킨다.

그러나 서울시는 코로나19 시기 사회안전망을 추진한 바 있다. 특수고용 노동자 대상 소액 저리 대출 지원이나 건설 일용직 노동자 사회보험 지원 등이 대표적이다. 또한 서울시 노동권익센터, 청년활동지원센터, 직장맘지원센터, 어르신돌봄종합지원센터와 같은 곳에서 상담·교육·지원 사업을 진행했다. 이 모두 '어떤 신분이나 고용형태와 상관없이 시민의 권리가 보장받아야 한다'는 철학을 담은 정책이다. '개인의 잘못'이 아닌 '사회의 잘못'이기 때문이다.

포스트 코로나 시기에 걸맞는 노동정책 모델 찾아야

서울시는 2011년 '노동존중특별시'선언과 2017년 '유니언시티'(Union City)를 표방하면서 지난 10년 동안 도시의 노동정책을 하나 하나 실험했다. 서울시 노동정책은 '노동존중 도시'가 무엇인지를 실험한 첫 공간이다. 한국 사회에서 지방정부도 지역 차원의 보편적 노동기준을 수립할 수 있다는 것과 노동자들의 존엄과 행복을 적정 수준에서 보장할 수 있다는 것을 증명한 것이다. 이는 지방정부가 '보호를 필요로 하는 노동자'를 더 보호하고 권리를 보장받아야 할 노동자의 목소리를 반영해 새로운 사회 계약 관계를 맺는 일로 더욱 발전되어야 한다.

이제는 일하는 시민 모두가 헌법이 보장하는 기본권을 향유하는 도시를 만들어야 한다. 일하는 시민 누구나 일터에서 인간으로서의 존엄과 가치를 실현하고 행복한 삶을 누릴 수 있도록 해야 한다. 최근 국제노동기구 (ILO)는 회원국에 보호를 필요로 하는 노동에 대한 새로운 접근을 요구 하고 있다. 유럽연합(EU)도 노동시장 공정성과 투명성 강화 규칙을 제시하고 있다.

결국 포스트 코로나 시대의 노동정책은 '새로운 규범과 표준(New normal)'이 아니라 '더 나은 규범과 표준(Better normal)'이어야 한다. 중요한 것은 생각이고 다르게 사고해야 한다. 코로나19 시기 노동 밖의 노동을 하고 있는 노동자가 겪는 차별의 퍼즐을 바꿀 새로운 규칙이 필요한 이유다.

서울 청계천로에 위치한 '아름다운 청년 전태일 기념관' 개관식이 열린 2019년 4월 30일 시민들이 전시공간을 둘러보고 있다.   ⓒ 뉴시스

제로페이, 경제적 약자를 위한 물꼬를 트다

민생혁명을 위해 제도개혁과 인프라구축을 행한 10년

민생(民生)의 사전적 의미는 '일반국민의 생활 및 생계'다. 생활(生活)과 생계(生計)는 인간의 기본적인 삶을 의미하고 살아갈 방도 내지 현시점의 생활형편을 의미한다고 볼 수 있다. 인간의 생활방식이 혼자 보다는 함께 사는 방향으로 전개되었고 이는 문명발전의 근본이다. 이러한 문명의 발전은 전 지구적으로 인간의 평균적인 삶의 질을 높여 왔다는 점에서 이론(異論)이 있을 수 없다.

다른 한편으로 지구촌 전체, 그리고 한 국가 내부의 생활수준은 천차만별 차별적 상황이 펼쳐지고 있는 게 현실이다. 때로는 그러한 차별이 완화되기도 하고 반대로 후퇴되기를 반복해 온 것이 역사이고 민생이다. 그러나 개인과 집단의 민생(民生)을 향상·발전시키는 것은 인간의 욕망을 적절히 통제하는 동시에 긍정적 방향으로 작동될 수 있도록 관련 제도를 개혁하는 것이다. 따라서 민생혁명은 제도개혁에 있으며 제도가 지속적으로 이어질 수 있도록 공동체 전반의 동감(同感)에 근거한 시스템을 구축해야 한다.

이런 점에서 박원순 서울시장이 추구한 '시정 10년 혁명'은 지방분권이 충분하지 않은 가운데 광역자치단체인 서울시가 시민을 위한 민생 인프라(Infra)를 구축한 것으로 평가할 수 있다.

경제민주화가 바로 민생정책의 핵심

서울시의 지난 10여 년 동안 민생정책의 핵심은 2011년 이후 한국의 시대적 소명으로서 일반화되고 본격화된 '경제민주화 정책'으로 포괄 될 수 있다. 즉, 민생의 주요 내용을 제도적으로 개혁하고 사회적 관행으로 정착시키기 위한 노력으로서의 경제민주화 정책이 그것이다.

서울에서 이것이 본격적으로 표방된 것은 2016년 2월 '경제민주화도시 서울'선언이라고 할 수 있다. 그러나 이 기조는 하루 아침에 탄생하지 않았다. 민선 5기 보궐선거를 통해 서울시장으로 선출된 직후는 물론 그 전부터 구상했던 것이다. 그의 머릿속에는 오로지 시민, 민생, 정의와 평등, 인권, 그리고 평화와 번영 등에 집중되어 있었다. 대표적 시민단체인 참여연대 활동을 통한 정치, 사회, 경제, 보건복지 분야의 개혁을 추구해 왔기 때문이다. 이런 바탕 하에서 서울선언이 이루어지기까지 약 2년간의 사전준비기간이 있어왔다. 즉, 2014년 9월 서울시는 동반성장연구소와 MOU를 체결하기 전, 2013년 말부터 민주당 을지로위원회의 역할과 성과 등을 종합적으로 검토하였고, 2014년 12월까지 경제민주화를 강조하는 주요 단체와 전문가들과 추진과제를 협의하는 한편, 2015년 1월29일 서울시 경제진흥본부가 주도하여 경제민주화 서울선언준비를 하였다. 같은 해 10월경까지 '경제민주화도시 서울'의 실천과제를 정리하였고, 추진협의회를 구성해 세부적인 내용을 다듬는 등 2016년 선언 직전까지 치밀한 작업을 진행한 바 있기에 비로소 2016년의 서울선언이 가능했다.

경제민주화를 통해 민생혁명을 달성하고자했던 궁극적 목적은 국민의 생활과 생계의 원활함을 위한 것이라 할 수 있다. 결국 그는 서울시장의 행정력을 통해 아래로부터의 혁명을 꿈꾸었다고 볼 수 있다. 이 모두는 인본주의에 토대한 것으로서 '경제민주화 도시 서울'은 서울시가 그간 추진해온 각종 민생관련 정책을 하나의 지향점으로 정렬해 더욱 체계적이고 효과적이며, 지속가능하도록 시도한 것이다.

사람중심 경제도시

2016년 경제민주화도시 서울 선언문과 추진계획의 최상위 지향점은 '사람 중심의 경제도시' 서울로 설정한 것이다. 선언문은 세 가지 영역별 목표로 ① 대중소기업 간 상생의 동반성장 ② 경제주체 간 공정한 거래질서 확립 ③ 노동의 존엄성 보장을 제시했다.

이 같은 시정목표 설정은 참으로 큰 변화였다. 그간의 경제민주화 논의가 중앙정부와 국회를 통한 법제화 중심으로 진행되었다는 측면에서 보면 지방정부 차원의 경제민주화 의미와 내용 등에 대해서는 정책전문가 뿐만 아니라 일반 시민은 쉽게 이해되지 않은 상황이었다. 이러한 점을 충분히 파악한 서울시장은 경제민주화 추진 방향 설정 시 우선적으로 시민의 공감대 형성을 중시하였고 실효적인 정책을 발굴 및 시행함으로써 시민이 민생현장에서 체감할 수 있도록 하였으며 이러한 새로운 시도를 지속시키기 위해 그에 타당한 관리체계를 구축하도록 하였다.

동시에 ▲함께 사는 것이 모두를 위한 길이라는 점에서 '상생'영역 ▲기울어진 운동장을 바로 잡아야만 경제주체가 창의적 생각으로 개인과 공동체를 발전시킬 수 있다는 점에서 '공정'영역 ▲갈수록 열악해지는 노동자의 합당한 권리를 확보하기 위한 '노동'분야 등 세 영역으로 구체화 시켰다. 세 가지 기본영역을 기준으로 1차적으로 16개 과제가 추진되었다. 상생영역은 대중소기업부문과 금융취약계층 부문 실천과제를 각각 3개와 4개씩 배치하였다. '공정'영역에는 불공정거래 부문 2개 과제, 생산자 및 소비자 영역에 2개, 임대차 부문에는 세 가지 과제를 선정하였다. 그리고 '노동'영역은 두 가지 실천과제를 배치하였다.

이후 경제민주화 조례를 제정함으로써 제도적 뒷받침을 마련한 서울시 경제민주화 정책과제는 시간의 경과와 함께 필요한 추가적인 실천과제가 더해졌다. 때로는 실효적 목적 달성을 위해 영역을 조정하기도 하고 아예

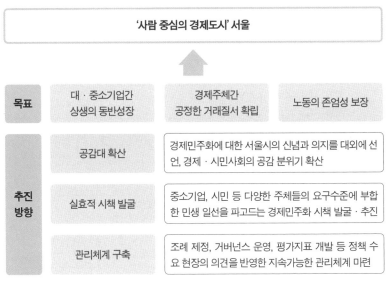

[그림] 경제민주화도시 서울 추진 계획

사회복지 파트로 이관시키기도 하는 등 유연하고 유기적인 체계를 구축하였다. 아래 표는 지난 10여 년간 세 개영역에 어떤 민생관련 정책이 있었으며 이것들이 어떻게 변화되어 왔는지를 보여주고 있다.

[표] 경제민주화도시 서울 실천과제

분야		실천과제	비고
상생	소상공인	골목상권 및 소상공인 자생력 강화	'16 ~ '20
		중소기업 적합업종 보호 · 활성화	'16 ~ '20
		대형유통기업과 골목상권의 상생협력 지원 강화	'16 ~ '19
		중금리 보증상품을 통한 금융취약 소상공인 지원	'16 ~ '19 '18 금융취약계층 → 소상공인 이동
		자영업근로자 사회보험 가입 촉진	'17 ~ '19 '18 노동 → 상생 이동
		제로페이 도입, 성공적 안착 및 이용 확산	'19 ~ '20
	임대차	임차상인 보호 위한 공정한 임대차 제도 정착 (임차상인 권익보호 및 피해구제 지원+공정한 상가임대제도 정착)	'16 ~ '20 '18 공정 → 상생 이동(과제 통합)
		도시재생에 따른 임차상인의 지원 · 관리	'16 ~ '20
		대규모점포 도시계획적 입지규제 추진	'20
	금융 취약 계층	금융취약계층의 사회경제적 자립지원	'16 ~ '17
		청년층의 건강한 금융활동 지원	
		체납 영세사업자의 경제적 재기 지원	
공정	불공정 거래	가맹 · 대리점 분야 공정거래 질서 확립('19) ↑ 불공정 피해구제 및 공정거래 문화 정착('18) ↑ 프랜차이즈 불공정거래 피해구제 및 상생협력 문화 정착('16 ~ '17)	'16 ~ '20
		건설분야 불공정 하도급 관행 근절	'16 ~ '20
		(건설근로자 적정임금제 지급 의무화)	'17 신설, '18 노동 → 공정 이동

분야		실천과제	비 고
공정	불공정 거래	문화 · 예술분야 불공정거래 관행 근절	'17 ~ '19
		서울형 소셜프랜차이즈 육성 · 지원	'18 ~ '19
		대 · 중소기업간 수위탁거래 불공정관행 개선	'19
		편의점 과당경쟁 완화 담배소매 영업거리 제한	'19
		가맹 하도급 등 권한 이양	'20
		가맹사업 정보공개부실 유형별 조사	'20
		배달 플랫폼(배달앱) 수수료 합동 실태조사	'20
	생산자 · 소비자	소비자 권익보호 및 피해 구제 실효성 강화	'16 ~ '18
		특사경 활동 확대를 통한 민생침해 근절 강화	
	중소 기업	창업기업과 중소기업 기술 보호 지원 강화	'17 ~ '20 '18 상생 → 공정 이동
		서울시 산하 공기업 성과공유제 도입 · 확산	'17 ~ '18 '18 상생 → 공정 이동
노동	노동	생활임금제의 정착 및 전국 확산	'16 ~ '20
		공공부문의 비정규직의 정규직화 추진	'16 ~ '18
		노동이사제 정착 및 전국 확산	'17 ~ '20
		아르바이트 임금체불 예방 및 피해구제 지원	'18 ~ '19
		최저임금 인상에 따른 취약직업군 보호	'18
		노동자 종합지원센터 확충 및 개선	'19
		서울형 마스터플랜 수립 노동안전 혁신	'19
		직장 내 괴롭힘 피해발새 사전예방 강화	'19

출처 : '경제민주화 도시 서울, 5년 평가와 향후과제', 소상공인정책연구센터, 2020.

상생과 공정 그리고 노동존중

상생영역 정책은 대중소기업 간 상생과 금융취약계층의 안정적인 생활을 핵심으로 다뤘다. 그러나 서울시에 분포된 사업체 양상이 대기업 본사는 많지만 중소기업은 많지 않은 대신 직접소비와 관련된 소매업자 및 소상공·자영업자가 80%에 달하는 점에서 이들에 초점을 맞출 수밖에 없었다. 골목상권 활성화, 소상공인과 자영업자의 자생력 강화, 그리고 법제도 개선 차원에서 진행한 중소기업 적합업종 보호, 대규모 점포(유통기업)의 골목상권 진출에 따른 피해 상인 지원 등이 주를 이루었다. 또한 금융취약계층 보호는 중금리 보증상품정책을 통한 고금리 대출 부담완화, 영세 체납사업자 등에 대한 경제적 재기지원, 청년층의 건강한 금융활동 지원정책 등 금융취약계층에 대한 포괄적인 사회·경제적 지원을 중시했다. 아울러 창업기업과 중소기업 기술보호 지원정책, 서울시 산하 공기업을 대상으로 한 납품 및 도급 중소기업을 위한 다양한 형식의 성과공유제 도입, 자영업 노동자에 대한 사회보험 가입지원, 임차상인의 안정적인 생업을 위한 공정 임대차제도 정착을 위한 지원, 동시에 도시재생에 따라 발생하는 영세 임차상인 지원 등이다. 또한 카드사용 수수료의 불합리 문제를 해소하고 소상공인과 자영업자의 경영안정에 직접적인 영향을 줄 수 있다는 점에서 오랫동안 문제가 된 카드수수료 인하를 위한 다양한 노력과 함께 더욱 근본적인 접근 방법을 고안하기도 하였다. 즉, 제로페이(서울페이)정책을 도입하는 동시에 대규모 점포의 도시 계획적 입지규제 정책 등도 선정되었다.

공정영역 정책은 거래관행에서 사업자 간의 대등한 입장 구축이 핵심이다. 기울어진 운동장 내지 갑과 을의 불공정한 여건에 기반한 계약관계가 일상적이다. 현행법을 위반하지 않더라도 법과 제도 사이를 교묘히 피해 경제사회적 강자의 약자 수탈 행위가 일상화 되어 있었다. 이러한 관행은 사회의 근간인 정의(justice)를 훼손한다는 관점에서 경제민주화정책의 가장 핵심적인 이슈가 아닐 수 없다. 이러한 관행을 바로 잡기 위해 서울소재 가맹본부와 가맹점에 대한 프랜차이즈 필수구입물품 실태조사를 통해 필수물품의 과도한 가격책정이 가맹점에 부담이 되는 현실을 객관적으로 확인하였다. 아울러 불공정피해상담센터를 더욱 실질화시켰고 정부와 지자체의 행정업무 분담 성과도 있었다. 하도급호민관제도를 도입해 건설현장의 불법방지, '대금e바로시스템'도입을 통한 하도급기업과 노동자를 보호하였다. 아울러 가맹사업거래의 정보공개서 등록업무와 분쟁조정협의회 설치에 따른 조정업무를 서울시 등 지자체에서 수행할 수 있도록 한 것도 성과다. 소셜프랜차이즈 확대 지원으로 미스터피자구매협동조합과 같은 구매협동조합 등이 설립이 되는 동시에 가맹본부와 가맹사업자 간의 갑질 문제를 어느 정도 해소하는 계기가 되었다. 그리고 한집 건너 편의점이라는 말에서 볼 수 있듯 편의점 과당경쟁 문제를 완화시키기 위해 편의점 영업에 상당한 영향을 미치는 담배소매점 영업 거리(지정거리)를 모든 자치구에 100m이상으로 제한하는 권고안을 발표하기도 하였다.

노동정책영역에서 특히 서울시장은 "노동존중 도시 서울"이라는 별도의 정책영역을 마련하고 노동자의 기본권, 사람으로서의 기본권리를 체계화시키는 동시에 서울시가 할 수 있는 과제를 제시하였고 노동관련 세부적인 정책 역시 중앙정부 뿐만 아니라 광역도시에서 할 수 있다는 것을 실증했다. 비정규직의 정규화는 서울시 산하 기관의 비정규직을 정규직으로 전환하는 것으로서 우리나라에서 가장 선도적이며 적극적으로 구사해 성공한 정책 가운데 하나로 볼 수 있다. 이와 동시에 생활임금제의 도입은 물론 특히 서울시 산하 26개 투자출연기관에 노동이사제(근로자이사제)를 도입해 2020년 현 18개 기관에 실행 중이다.

민선 7기 생태계 전환에 주목한 민생혁명

2018년 7월부터 시작된 민선7기에 와서 경제민주화정책의 핵심은 민생경제 활성화를 위한 서울시의 제도 및 관행 개선 계획이다. 즉 소상공인과 자영업자들 생태계의 구조적 전환을 추진함으로써 좀 더 근본적인 문제해결에 접근하려는 것에 초점이 맞추어져 있다.

그 가운데 첫 번째가 과도한 수수료 부담을 해소하기 위한 제로페이 정책이었다. 현시점에서 보면 서울에서 시작한 제로페이 정책은 전국으로 확산됐다. 제로페이는 소상공인의 카드 수수료를 절감하는 등 경영을 지원하고 신용카드사의 불합리한 보이지 않은 갑질을 해소하는 역할을 하는 동시에 핀테크(fin tech) 영역을 확장시킴으로써 경쟁체제를 마련하는 효과도 거두었다. 또한 안정적인 영업환경을 조성하기 위해 장기안심상가를 2022년 300개소까지 조성하는 것, 서울형 소셜프랜차이즈로서 구매협동조합 등 기맹점을 2022년까지 1천개 육성하여 안정적인 영업환경을 조성하며, 자영업자의 폐업지원제도인 노란우산공제제도의 장려금 지원 확대와 1인 소상공인 고용보험료 지원 등 전국민고용보험제도를 이미 선도하는 효과를 내는 사회안전망 강화방안이 포함되어있다.

또한 민생경제정책을 튼튼하게 뒷받침하고 창업지원을 체계화하기 위한 노력으로 2019년 6월 소상공인정책연구센터를 설립한 것도 매우 주목할만하다. 소상공인과 자영업자에 대한 실효적인 정책과 민생경제를 위한 정책프로그램을 효과적으로 구사하고자 할 때 가장 중요한 것은 서울시 경제와 산업특성을 반영한 정책이며 이를 뒷받침할 수 있는 객관적인 통계자료다. 연구센터가 운영하는 '우리마을가게 상권분석시스템'은 현재 그 역할을 톡톡히 하고 있다. 동 시스템은 2014년부터 서울시 자영업자와 소상공인 약 74만 사업자의 시계열 통계를 축적했다. 특정지역의 사업 현황 및 사업자 현황, 업종 현황, 임대료 수준 등 다양한 데이터를 축적 중이다. 이 시스템을 통해 창업자가 해당지역의 업종밀집도, 임차료수준, 매출액

등을 확인하는 등 구체적인 데이터를 확인해 창업을 준비할 수 있도록 하고 있다. 이 시스템은 국내 관련 통계 가운데 가장 정확하고 세밀하게 구축되고 있다. 이 시스템을 벤치마킹하려는 주요 광역단체가 증가하고 있으며 연구센터는 아낌없이 지원하고 있다. 이 또한 박원순 서울시장의 10년 혁명의 결과다. 동 시스템의 지속적인 고도화를 통해 활용도를 높이고 이를 기반으로 2021년 하반기부터 '자영업패널'을 운영할 예정이다. 이를 통해 소상공인 자영업에 대한 더욱 합리적인 정책대안을 제시할 수 있을 것으로 기대한다.

중요한 것은 지금까지 민생경제를 위한 경제민주화 철학이 정착되어야 하는 것이고 생활의 근간으로서 변치 않아야 한다. 보기에는 사소한 과제로 볼 수 있으나 국가적 아젠다로 확대되었을 뿐만 아니라 특히 지방정부 차원의 실행이 더욱 현실적이며 실효적인 것이라는 점에서 '10년 혁명'은 아래로부터의 혁명이라 할 수 있다.

박원순 시장이 소상공인을 위해 만든 수수료 없는 제로페이 가맹점 100,000호를 기념하고 있다.
© 서울시

복지, 시혜에서
시민의 권리로 자리잡다

> "무엇보다도 복지 시장이 되겠다. 사람 냄새가 나는 서울을 만들겠다.
> 서울 하늘 아래에서 밥 굶고 냉방에서 자는 사람이 없도록 하겠다." …
> "복지는 공짜도 아니고 낭비는 더더욱 아니다. 복지는 시혜가 아니라 시
> 민의 권리이다."
>
> — 2011년 11월 16일 박원순 시장 취임사 중

당당했던 복지시장의 탄생, 보편적 복지를 구현하다

2011년 박원순 시장의 첫 출근날, 그의 시장으로서 첫 번째 결재는 무상급식 예산지원 안이었다. 그렇게 시작한 '복지특별시'서울을 만들기 위한 여정은 그 후 10여 년간 지속되었다. 그 사이 복지예산은 약 4조원에서 2020년 현재 최대 13조로 무려 2.3배나 늘어났다. 그동안 서울시의 전체적인 예산이 1.8배 증가한 것을 고려한다면, 복지예산의 경우 더 많은 투

자가 이루어졌음을 짐작할 수 있다. 단순히 복지예산확충과 같은 양적 성장에만 머물러 있지 않았고, 보편적 복지와 공공성 강화라는 큰 시정 철학을 바탕으로 복지국가의 초석을 다졌던 10년이었다. 그 기간 서울복지의 대표적인 정책이였던 '서울시민복지기준선'은 2013년 UN 공공행정상을, '찾아가는 동주민센터'의 경우 2017년에 대한민국복지행정상을 받는 성과를 이룩하기도 했다.

'내 삶을 바꾸는 10년 혁명'이라는 민선 7기의 슬로건처럼, 복지 전 분야에서 시민의 삶을 바꾸려는 노력이 광범위하게 진행되었었다. 당당했던 복지시장의 탄생으로 보편적 복지국가를 완성하고자 했던 지난 10년 서울의 복지에서 가장 눈에 띄는 것은 특정 계층, 즉 취약계층이 누려왔던 복지혜택을, 서울시민 누구나 복지혜택을 누릴 수 있도록 한 것이다. 아마 이러한 보편복지의 가장 큰 두 축은 서울시민복지기준선과 찾아가는 동주민센터(이하 찾동)일 것이다.

복지를 권리로 선언한 서울시민복지기준선

서울시민복지기준선은 시민 누구에게나 적정 수준의 복지와 삶의 질을 보장할 수 있는 체계적인 기반을 마련하여 보편적 복지국가의 근간을 만들기 위해 설계되었다. 최근 더불어민주당에서 활발히 논의되고 있는 '신복지체제'의 '2030 국민생활기준'도 서울시민복지기준선의 기본 형태가 확장·발전된 것으로 이해할 수 있다.

2012년 12월 발표된 서울시민복지기준선은 현재는 2기(2019-2022)에 이르고 있다. 처음 도입됐던 2012년에는 당시 박원순표 복지의 대표적 정책이었던 무상급식 확대, 서울시립대 반값등록금, 비정규직의 정규직 전환과 같은 큰 복지 이슈들을 차례로 선보였었던 해였고 마침내 그해 말 서울시민복지기준선이 발표되면서 그의 복지철학이 좀 더 명확하게 드러난 계기가 되었다. 이로써 복지 확대에 대한 시민사회의 줄기찬 요구에도 불구하고 도시 내 각종 토건사업과 겉치장에 치우쳐져 있었던 서울시정은 새로운 패러다임으로 전환되었고, 비로소 시민의 세금이 시민의 인간다운 삶이 보장되도록 다시 시민에게 돌려지는 서울시정의 철학이 확립되었다.

서울시민복지기준선은 서울시민 삶의 질을 향상 시킬 복지 헌장이자 가이드라인으로 알려져 있다. 크게 최저기준과 적정기준으로 구분되어 설계되었다. 최저기준이란 서울시민이면 누구나 권리로서 누려야 할 복지의 기준을, 적정기준은 서울시민이라면 누리면 좋을 품위 있는 삶을 위한 복지 기준을 의미했다. 한편 기준 영역을 시민의 일상생활과 밀접한 총 5개 분야, 소득, 주거, 돌봄, 교육, 건강으로 설정하였고 각 영역에서 시민이 누려야 할 복지수준과 이를 달성하기 위한 방법을 제시하였다. 당시 '서울시민복지기준추진위원회', '1,000인의 원탁회의' 등 시민의 의견을 수렴할 수 있는 다양한 장치를 마련하였고, 의견 수렴을 통해 사회적 합의 과정을 이행하였다. 또한 5개 분야의 분과와 총괄 분과를 포함해 총 6개 분야의 학계 및 현장 전문가 70여 명이 모여 시민복지기준에 대한 정책 방향 및 우선순위에 대해 치열한 고민을 하는 시간을 가졌다. 이는 총 5대 분야 35개 성과지표 105개 사업에 대한 연차별 목표 및 성과지표라는 결과로 나타나게 되었다.

1기의 성과를 살펴보면, 일부 지표를 제외한 다수의 성과지표가 애초 설정된 목표를 달성하였고, 이러한 1기의 성과와 평가를 바탕으로 제2기 시민복지기준을 설정하게 되었다. 2기의 가장 큰 특징은, 최저기준과 적정기준으로 구분된 복지기준을 단일화하였고, 그 복지기준을 달성하기 위한 전략 목표를 5개 분야에서 총 12개로 제시한 것이다.

이렇게 서울시민이 누려야 할 권리선언이자 서울시의 책무를 밝힌 서울시민복지기준선의 의의는 무엇일까?

첫째, 보편적 권리 보장이다. 지자체 중 처음으로 모든 시민의 인간다운 삶을 보장하였다. 더 나아가 시민 개개인이 역량 있는 사회구성원으로 성장하고 생활할 수 있는 새로운 사회적 기반을 마련하고자 하였다. 복지를 시혜나 경제성장을 가로막는 걸림돌 정도로 인식하던 개발시대와의 결별을 의미하였고, 시민의 권리를 보편적으로 보장하며 동시에 국가와 사회의 안정적 유지와 지속 가능한 성장을 가능케 하는 미래 성장 동력으로 자리매김했다는 점에서 큰 의미가 있다.

둘째, 고유한 지역 특성을 반영했다. 중앙정부의 보장 수준을 넘어서는 서울시만의 독자적인 복지기준을 설정하여 시민의 복지권 보장에 이바지했고, 지역 특성이 반영된 복지정책이 얼마나 효과적일 수 있는지 알 수 있는 기회였다. 서울의 이러한 시도가 이후 전국적으로 확산하여, 광주, 경기, 부산, 인천, 세종, 대구 등 지역별로 특화된 시민복지기준을 세우게 됨으로써 서울형 복지의 선도성과 확장성을 다시 한번 확인 할 수 있는 기회였다.

셋째로, 복지영역의 확장을 의미했다. 전통적인 복지영역인 소득, 돌봄, 건강과 더불어 주거와 교육을 포함하는 복지기준선을 제시함으로써 복지의제 확장에 이바지했고 이들 영역에 대한 최저 및 적정기준을 제시함으로써 보편적 복지 확산에 기여했다고 평가받고 있다. 현재는 한 사람의 복지를 논할 때, 자연스럽게 주거권을 논의하게 되었고, 교육 분야 또한 떼어놓을 수 없는 의제가 되었다.

마지막으로, 모든 과정에 시민이 있었다. 정책 시작과 결정하는 과정에 시민이 항상 참여하였고, 시민의 뜻이 모여 이루어진 결과였다. 즉, 복지

서비스 공급자 중심의 관점에서 수요자인 시민 관점으로 전환되는 획기적인 정책으로 평가할 수 있다.

일선 복지행정의 혁신, 찾아가는 동주민센터

찾동이란 정책을 시작하게 된 결정적인 계기는 2014년 2월에 일어났던 송파 세 모녀 사건으로 알려져 있다. 물론 그 이전부터 복지행정의 깔대기 현상으로 인해 일선 복지행정담당 공무원들의 업무 과중, 복지업무 수행의 경직성, 끊임없는 복지사각지대와 중복지급의 문제 표출로 복지 분야 전달체계 개편에 대한 공감대는 행정책임자나 전문가들 사이에서는 오래 전부터 형성되어 있었다. 다만 과감하고 혁신적인 방안을 실행하지 못한 땜질식 처방만이 있었었다. 그러나 2015년 7월 80개 동으로 시작한 찾동은 계획에 따라 착실히 확대 적용되어 2020년 말 현재 25개 자치구 모든

찾동은 그 이전 어떤 중앙정부도, 어떤 지자체도 행하지 못한 가장 과감하고 혁신적인 복지행정의 혁신이었고 나아가 동주민센터 자체의 혁신이 되었다.   ⓒ 서울시

동에서 실시되고 있으며, 복지 사각지대 발굴에 주력했던 초기의 정책 목표로부터 진화하여, 현재는 동주민센터에서 복지, 행정, 건강, 여성, 마을과 관련돼 일어나고 있는 모든 혁신을 찾동이라고 부를 수 있게 되었다.

이렇게 동주민센터를 혁신한 찾동은 복지행정의 측면에서만 보더라도 다음과 같이 크게 네 가지의 변화로 이해할 수 있다.

첫째로, 그간 공공이 신청주의에 근거하여 수동적인 복지행정을 해왔다면, 찾동은 발굴주의에 입각한 능동적인 복지행정 패러다임을 만들어냈다. 찾동 이전의 동주민센터를 생각해보자. 주민들이 각각의 저간의 사정과 문제를 가지고 동주민센터로 향한다. 거기서 공무원에게 자신의 처지를 설명하고, 해당 업무 담당공무원을 통해 관련된 혜택에 대한 정보를 얻는다. 여러 가지 어려움이 있으면 각각의 공무원을 따로따로 만나야 함은 물론이다. 다행히 까다롭기만 한 수급 조건을 맞추게 되면 최종적으로 담당 공무원의 결정으로 서비스를 받는다. 그러나 이제 찾동에서는 동주민센터의 공무원인 복지플래너와 우리동네주무관이 어려움에 부닥친 동네 주민들을 직접 수소문해 찾아가서, 그들에게 필요한 서비스 및 자원을 제공 혹은 연계 한다. 즉, 공무원이 직접 찾아가서, 주민의 욕구를 충족시켜주는 능동적인 복지 패러다임으로 전환되었다.

두 번째로, 선택적 복지에서 보편적 복지로의 전환을 시작하게 되었다. 대표적인 보편적 서비스는 65세 어르신 보편 방문과 신생아 가정 방문을 꼽을 수 있다. 어르신의 경우 65세가 도래된 해에 주민센터로부터 2인 1조로 구성된 복지플래너와 찾동 간호사들의 가정 방문을 받게 된다. 이를 통해, 노년기로 진입하는 어르신들께 예방적 건강 체크와 복지 정보 제공 서비스를 시작하였다. 현재는 신생아가족과 65세 노인가구, 그리고 70세 노인가구까지 보편방문이 확대되었다.

셋째는, 기존 복지서비스의 분절성을 극복하고 통합적 서비스 제공으로의 변화이다. 찾동 이전의 서비스 경우, 복지서비스는 주민센터나 지역 복지시설에서, 건강서비스는 지역 보건소에서 담당하였다. 시민의 입장에서 보면 원하는 서비스를 위해 각기 다른 서비스 제공자를 찾아다녀야 했었다. 찾동 이후 민간 복지기관과 주민센터 그리고 복지서비스와 건강서비스의 본격적 결합 시도가 있었고, 현재도 더욱 질 높은 통합 서비스를 위해 노력 중이다. 2019년도부터는, 동주민센터안에 지역사회 돌봄을 담당하는 돌봄SOS센터를 만들어, 한 개인이 주민센터를 중심으로 소득, 주거, 건강과 더불어 돌봄서비스까지 통합적으로 받을 수 있는 기관으로 변신하였다.

마지막으로, 민원·행정조직에서 서비스조직으로의 탈바꿈이다. 전통적으로, 주민센터는 국가 행정위계 구조상 가장 아래에 있는 행정조직이었다. 그러나, 찾동은 단순히 행정을 처리하는 조직에서 주민에게 서비스를 직접 제공할 수 있는 서비스조직으로 변해가고 있다. 여전히 주민센터에서 민원과 행정의 기능은 존재하지만, 찾동 이후 주민센터의 모든 공무원이 우리동네주무관이라는 이름으로 사각지대 발굴과 서비스 제공을 하며, 복지플래너의 경우 보편방문과 더불어 민간복지기관과 협력하여 동단위 통합사례관리를 시작함으로써, 서비스조직의 성격을 보다 명확히 하였다.

위와 같은 복지분야의 변화와 더불어, 마을공동체사업, 여성분야의 위기가족 예방사업, 행정효율화와 같은 다양한 사업이 찾동 안에서 이루어져왔다. 찾동의 시작은 보편적 복지국가를 위한 전달체계의 개편이었으나, 많은 발전을 통해 동주민센터 내 일어나고 있는 모든 혁신을 칭할 수 있는 사업으로 진화하였다고 평가할 수 있다.

지난 10년간 서울의 시정은 과연 국가가 시민에게 어떤 존재와 역할이어야 하는가에 대한 고민의 연속이었다. 복지 분야에서 국가의 역할은 무엇이며, 어떠한 기능을 통해 시민들의 삶을 행복하게 할 수 있을까에 대한 끊임없는 성찰 과정이었다. 이러한 고민의 과정이자 목표는 복지서비스의 공공성 강화라는 시정철학으로 귀결되었다. 복지서비스의 공공성 강화는 복지분야의 과도한 시장화(혹은 민영화)로 인한 왜곡을 바로잡고, 낮은 수준의 노동 환경을 개선하며, 또한 그에 따른 서비스 질을 향상시키기 위함이었다. 이 모든 과정은 복지분야에서의 국가의 역할을 명확하게 천명하고 그 기능을 다 함으로써 시작되었다. 내용적으로 복지서비스의 공익적 성격을 강화하고, 복지시설 운영을 보다 민주적이며 투명하게 하려는 노력은 서울시 전 복지분야에서 이루어졌었다. 또한 외형적으로 복지분야의 공공인프라를 폭발적으로 증가시켜 최소한의 공공성을 확보한 것은 10년 혁명 기간의 가장 큰 성과로 이해할 수 있다.

공공성 기반 확대를 위해 복지분야의 비약적 예산 증가와 동시에 인력 확충이 이루어졌다. 복지공무원의 확충은 공공전달체계, 즉 찾동과 돌봄 SOS센터를 위한 증원이었다. 2011년에 1,288명이었던 서울의 사회복지 전담공무원은 2020년 4,606명으로 약 3.6배의 규모로 확대되었다. 이러한 파격적인 인력 확충은 최고정책결정권자의 명확한 문제의식과 해결의지가 없으면 불가능한 것이다. 찾동 시작 후 1년차와 2년차의 경우 각각약 1천여 명의 사회복지직공무원 증원이 이루어졌었고 이와 같은 대규모의 공무원 증원은 지방정부 역사에서는 처음이었던 것으로 알려져 있다. 또한 민간복지시설의 인력 확충을 통해 지역주민을 위해 제공되는 서비스를 확충하려는 노력도 병행되었다. 예를 들면, 찾동과 민간 복지관의 협력을 위해, 종합사회복지관에 기본인력 2명씩 증원하여 보다 내실 있고 밀접한 실천 협력을 위해 노력하였다. 또한 서울시에만 존재하는 고유한 복지시설 설립을 통해 공공성을 확보하고자 했다. 중장년을 위한 50+캠퍼스, 발달장애인평생교육센터 등이 대표적이며, 이와 같은 다양한 시도는 10년간 민간 복지분야 지원 예산 94% 증가, 복지시설 규모 18% 확충이라는 결과로 나타났다.

많은 투자와 시도 중에서 전국적으로 가장 많은 관심을 받은 것은 복지종사자 단일임금체계일 것이다. 이 또한 시장의 큰 결심이 없었다면 시작하지 못했을 정책이다. 정책 시행 전에는 시설 유형 별로 총 13종의 다른 임금체계가 복지계에 존재했었고, 단일임금체계 도입으로 각 시설 유형별로 유불리가 존재했지만, 수많은 협상과 타협으로 2017년에 최종적으로 서울시가 운영비를 지원하는 모든 시설 내의 모든 직급에 단일임금이 적용되는 쾌거를 이끌어내었다. 더욱이 2020년에는 중앙정부가 운영비를 지원하는 시설까지 단일임금체계에 통합시킴으로써 서울의 사회복지 종사자들이 시설 유형과 관계없이 보건복지부와 다른 여타 지자체 보다 높은 수준의 단일한 임금체계를 가지게 되었다. 이 제도의 가장 큰 의미는 모든 복지종사자들이 같은 임금체계에 포함된다는 의미와 더불어, 임금의 기준점을 공무원 임금의 95%로 설정하여 적지 않은 임금수준을 확보하게 되었고 향후 공무원 임금수준과 똑같은 목표지점을 설정했다는 점이다. 이는 단순히 처우개선의 문제를 넘어서, 사회복지사들을 명실상부한 공공영역 네트워크의 구성원으로서 인정한다는 의미이며 이렇게 사회복지인들의 높아진 자긍심과 노동조건은 고스란히 더 좋은 복지서비스로 시민들에게 돌아가게 될 것이다.

사회적 약자를 포용하다

지난 10년의 복지분야를 돌아보면, 유독 '서울형'이 들어간 정책들을 어렵지 않게 찾아볼 수 있다. 서울형 기초보장제도, 서울형 유급병가, 서울형 긴급복지제도 등이 대표적이다. 서울형이라는 뜻은 크게 선도성과 확장성, 이 두 가지 의미로 이해할 수 있다. 중앙정부에서 시도하지 못하는 정책을 서울에서 가장 먼저 시작하는 선도성과, 서울에서 시작한 정책들이 중앙정부에서 이어받아, 전국적으로 퍼져나간다는 확장성이다.

이와 같은 '서울형' 정책들은 특히 우리 사회의 최약자를 품고자 하는 시정철학에서 시작되었다. 예를 들면, 서울형 유급병가의 경우, 우리 사회의 사회적 안전망이 많이 개선되고 있지만, 여전히 열악한 위치에 처해 있는 1인 영세자영업자와 특수고용직 노동자와 같은 이들을 위해 만든 대표적 정책이다. 아파도 소득상실을 염려해서 병원에 가지 못하는 노동자들에게 최대 11일까지 서울시 생활임금을 지원하는 제도이다. 약 30%의 저소득 비정규직은 유급휴가가 없어서 쉴 수 없고, 자영업자 중 12%는 소득상실 걱정에 진료를 포기하거나 중단하는 현실을 생각했을 때, 서울형 유급병가는 가장 많은 위험에 노출되어 있는 우리 사회의 약자들을 위한 대표적인 정책이었다.

복지특별시 서울을 완성하려는 꿈은 아직 진행형이다

10년 혁명을 통해 서울시민의 삶의 질이 높아졌고 보다 안전한 삶을 누릴 수 있게 되었다고 평가하고 있으나, 언제 끝날지 모르는 지금의 팬데믹 상황은 우리에게 보다 높은 수준의 정책 실현을 원하고 있다. 최근 논의가 되고 있는 전국민고용보험의 경우 비정규직, 영세자영업자 및 플랫폼노동자 등 현 우리 사회의 구조적 약자를 위해 최대한 조기 도입해야 할 정책이며, 여기서 그치지 않고, 더 나아가 전국민사회보험을 완성 시켜 모든 시민의 삶을 일정 이상 수준으로 보장할 수 있어야 한다. 또한 논쟁이 뜨거운 기본소득의 경우, 지금까지 임금노동을 기초로 한 사회보장제도를 시민권 기초 사회보장제도로 전환하는 엄청난 변화이므로, 변형 혹은 유사한 모습의 기본소득이 아닌, 정통 기본소득 도입에 관한 논의도 기술변화에 따른 새로운 미래사회를 위해 끊임없이 해 나가야 할 것이다.

또한 서울 구석구석 퍼져있어 시민의 일상에 가장 근접해 있는 동주민센터를 보다 적극적으로 활용해야 할 것이다. 현재 민원·행정기능과 복지서비스를 분리하여 민원·행정기능은 행정 효율화·자동화를 통해 구 단위에서 서비스를 제공하며, 동주민센터는 온전히 주민의 삶을 책임지는 동복지센터로 전환 시키는 것도 고려해 볼 수 있을 것이다.

장애분야의 경우 팬데믹으로 인해 기존의 탈시설계획을 보다 빠르게 진행해야 할 것이다. 기존의 43개 생활시설에 거주하는 약 2,400여명의 장애인들이 지역사회로 나와 일상을 누리는 삶을 살 수 있도록 지원주택, 자립생활지원주택, 소규모공동생활가정 등을 준비해야 하며, 동시에 지역사회 내 더 촘촘한 서비스 인프라를 구축해야 할 것이다.

2011년 박원순 시장 취임 전 일어났었던 무상급식 논란을 기억해보면, 보편복지라는 단어는 거의 혁명적이며, 불온한 뉘앙스를 띈 말이었었다. 그러나 지금은 복지가 시민의 권리라는 점을 아무도 부정하지 못한다. 또한 서울시에서 시작한 많은 복지정책이 현재 중앙정부의 복지정책으로 명백하게 자리 잡았고, 이제 서울시가 대한민국 복지의 기준이 되었다. 앞으로도 서울의 역할은 이렇듯 가보지 않은 길을 먼저 가보고 대한민국을 이끌어 나가는 것일 것이다. 서울의 복지정책이 서울을 넘어 대한민국을 복지국가로 만드는 날을 기대해본다.

제2장

편안하고 편리한 — 서울

운전자의 양보로
보행권이 확보된
걷는 도시, 서울

출근길을 나서면 주차된 차들 사이로 경적을 크게 울리며 지나가는 차를 피해 걸음을 멈추고 비켜서야 하는 일이 습관처럼 계속된다. 발을 동동 거리며 기다려 녹색신호에 횡단보도를 건너려 해도 어서 비켜나라는 듯 머리를 불쑥 들이미는 차들을 조심하지 않으면 안된다. 바로 길 건너에 갈 곳이 있어도 아이까지 안고 저 멀리 돌아가야만 해서 한숨이 나온다. 매일 매일 마주하는 생활속의 모든 공간은 차의 소통을 방해하지 않아야 한다는 것이 모두에게 당연하였다. 이따금 공원이나 인적 드문 산에 가서야 비로소 차의 눈치를 보지 않고 마음 놓고 걸을 수 있는 도시. 이것이 서울에서 살아가는 우리의 모습이 아니었을까?

그러나 키가 크고 힘이 센 사람이 함부로 주변 사람들을 밀치고 다녀서는 안되듯, 차가 무겁고 빠르게 움직일 수 있고 덩치가 크다 하더라도, 길을 걸어가는 이들에게 함부로 대해서는 안되는 것이었다. 이러한 당연한 사실을 현실속의 정책에서 본격적으로 논의하고 대책을 시행하기 시작한 것은 사실 얼마되지 않았다.

몸살이 난 우리의 서울

더 빨리 정해진 목적지에 도달해야만 한다는 다분히 공학적인 지상과제를 도시내 어디서나 달성하기 위해 도시공간을 위계적으로 구조화하고, 기능적으로 분화시키는 일은 근대적인 도시계획이 도입된 이후 지속적으로 시행되어온 일이었다. 주어진 이동수단 중 가장 빠른 것은 자동차이며 도시공간의 구석구석은 자동차의 운행여건에 맞추어 재편되기 시작하였다. 하지만 덩치 큰 자동차를 위해 넓어진 도로는 걸어다니기에는 너무 시끄럽고 위험할 뿐 아니라, 정작 걸을 곳이 없거나 있더라도 좁은 곳이 많았다. 걷는 이들이 이렇게 희생을 계속하는 동안 정작 도시가 잘 돌아갔으면 좋으련만, 서울의 도로는 밤낮없이 교통체증이 심하고, 수많은 차들이 심지어 멈추어 서서 막대한 온실가스를 내뿜으며 시끄럽게도 연료를 태우면서, 매캐한 미세먼지와 몸에 좋지 않을 것이 틀림없는 화학물질로 뒤덮여 날이 갈수록 괴로운 곳이 되어갔다. 이렇게 매력과는 거리가 멀면서도 매우 값비싼 비용과 인명의 희생이 계속되는 도시는 문명사회의 이상을 담는 도시라기보다는 물질적 가치를 위해 정작 사는 사람들은 돌보지 않는 파편적이고, 부당한 도시에 가깝다고 해야할 것이다.

사실 서울에는 걸어다니는 이들이 많다. 볼 일을 보기 위해 매일 승용차를 이용하기에는 도로가 너무나 막히고, 주차하기도 힘들며 돈이 많이 든다. 따라서 많은 사람들은 대중교통을 이용하고, 짧은 거리는 걸어다니게 된다. 문제는 걸어다녀야만 하는 상황이지만, 안전하고 편리하게 걷기가 너무나 어렵다는 점이다. 이러한 사정은 차를 몰고 다닐 수 있는 여건이 되는 사람들로 하여금 운전을 하도록 하는 이유가 되어, 안그래도 답답한 도로사정이 더욱 어려워지는 결과를 낳게 된다. 여기에 대중교통을 이용하는 것보다 승용차가 더 빠르고, 더 안락하다면 구태여 시간과 불편함, 위험함을 감수하면서 걷거나 대중교통을 이용할 이유가 없어진다. 걷기 편한 공간을 만드는 것은 단순히 걷는 사람들의 편의를 위하는 것에서 그치지 않고, 서울에서의 이동수단을 선택하는 데에 큰 영향을 주게 되는 것이다. 따라서 걷기 편한 길이야 말로 서울이라는 도시의 정책적 방향을 바꾸는 힘을 가지고 있다고 하겠다. 이러한 정책적 함의를 대도시 차원에서 인식하고, 새로운 정책방향으로 제시하는 것은 서울에서 처음으로 시작되었다고 볼 수 있다.

걷기의 시작, 보도다운 보도

'천리길도 한걸음부터'라는 속담이 있지만, 걷기 편한 길의 시작점이야 말로 보도를 제대로 설치하는 것에서 시작한다. 박원순 시장 아래서의 서울시에서는 이러한 노력을 보행정책의 초기부터 제시하였는데 너무도 상식적으로 보이지만, 이전에는 사소하게 여겨졌던 사안이다. 거의 3,000킬로미터에 달하는 서울시의 보도를 걷기 편한 공간으로 만들기 위해서 먼저 보도블록에 대한 문제부터 다루기 시작하였고, 이에 대한 개선방향을 '서울시 보도블록 10계명(2012)'으로 제시하였다. 보도블록에 대한 공사 및 사후관리에 있어서의 문제점에 집중하여 보도를 조성하는 기본적인 물리적 품질을 확보하는 것에서 시작하고자 한 것이다.

당시에는 도로를 조성하는데에 있어 보도가 가지는 위상은 매우 부차적인 것에 불과하였으니 이러한 경향은 빠른 설계속도를 가지는 차도와 부속시설물에 비해 구조적으로 크게 신경쓰지 않아도 되는 보도의 세부적인 설계나, 재료의 선택, 시공 등은 사소한 것으로 치부되기 쉬운 것이었다. 그러나 사람들이 이용하면서 몸으로 직접 느끼는 가장 중요한 길의 일부분은 보도였으니 많은 활동이 보도에서 일어나기 때문에, 비좁고 울퉁불퉁하며 비가 오면 물이 차기 일수인 보도에 대한 사람들의 불만은 작지 않았다. 또한 보도에 경사면을 만들 때도 지나치게 급격하거나 높이차가 있어 불편한 경우가 많았다. 아직도 많은 지자체에서는 보도공사를 한지 얼마 지나지 않았음에도 불구하고 형식적이고 부실한 공사가 일어나는 경우가 적지 않은 것을 볼 때, 보도블록 10계명이 가지는 의미는 적지 않다. 특히 대다수의 보행정책은 토목적인 측면, 기술적인 측면보다는 공간의 질적인 측면을 강조하기 마련인데 언뜻 보면 일반인들의 관점에서 의아해 할 수 있는 토목재료로서 보도블록에 대한 이야기를 먼저 제시한 것은 보행공간의 품질을 기초부터 관리하고자 하는 접근방식을 보여주는 일례라 하겠다.

보도블록 10계명

1. '보도공사 실명제' 도입으로 공사관계자의 책임감 고취 및 긍지 부여
2. '원스트라이크 아웃제' 도입, 부실공사시 최대 2년간 입찰 제한
3. 공사현장에 '임시 보행로' 설치 철저 및 '보행 안전도우미' 배치 의무화
4. '보도공사 Closing 11'시행, 동절기 보도공사 관행 없애고 부실시공 방지
5. 보도블록 파손시 시민혈세 낭비 없도록 파손자가 보수비용 부담
6. 하나에서 열까지 시민이 제보하고 살피는 654명 규모 '거리모니터링단' 운영
7. 파손, 침하된 보도블록은 스마트폰으로 찍어서 신고하면 바로 개선
8. 보도 위 불법 주정차, 적치물, 오토바이 주행 철저히 단속해 시민 보행권 보장
9. 납품물량 3% 남겨두는 '보도블록 은행' 운영으로 파손 블록 신속 교체
10. '서울시-자치구-유관기관 협의체' 구성해 체계적인 보도관리

[그림] 보행친화도시 서울 비전(2013) (출처: 서울시청)

걷고 싶은 이면도로

기본적인 보행공간으로서의 보도에 대한 품질을 관리하는 원칙을 제시한 이후, 서울에서는 '보행친화도시 서울 비전'을 2013년에 발표하면서 걸어다니기 쾌적하고 안전하며 편리한 길을 중요한 정책적 과제로 제시하였다. 이러한 과제에는 보행전용거리의 조성, 횡단보도의 설치 및 횡단신호 연장, 걷기 축제 개최 등 다양한 시도가 포함되어 있었는데, 그 중에서도 보행자우선도로를 시범적으로 도입한 것은 보-차공존 개념을 도입하여 이면도로를 개선하고자 한 시도로서 그동안 보도가 설치된 도로 이외의 도로에서 걷는 이들이 처한 위험과 불편을 더 이상 방치하기 어렵다는 점을 고려한 것이었다.

보행자우선도로는 2012년 「도시 · 군 계획시설의 결정 · 구조 및 설치기준에 관한 규칙」 제9조(도로의 구분)의 개정으로 도입된 도로의 유형으로서, 보행자와 차량이 혼합하여 이용하되 보행자의 안전과 편의를 우선적으로 고려하여 설치하는 폭 10미터 미만의 도로로 규정되어있다. 서울시에서는 이를 다음해 2013년부터 바로 시범사업으로 채택하여 '생활권 보행자 우선도로'의 이름으로 시행하게 된다. 생활권 보행자 우선도로에는 보행자와 차량이 같이 이용할 수 있지만, 지그재그 노면표시 및 포장패턴, 과속방지턱 등 속도 저감시설이 설치되어 차량 통행 속도를 30km/h이하로 유도한다. 또한 도로가 시작되는 곳의 바닥재질을 차량용 보도블록으로 바꿔 기존 아스팔트 도로와의 연속성을 단절시킴으로써 시각적인 인지를 통한 과속을 예방하고자 하였다.

이는 당시 서울시 전체 도로연장 대비 77%에 해당하는 6,346km가 주택가 이면도로인데 반해, 차량 중심의 교통제도와 정책으로 보행자의 안전이 상대적으로 소홀하게 다루어진 문제를 개선하기 위한 조치로서, 걷기 편한 길을 조성하는데 있어 사각지대로 남아온 이면도로를 정책적 의제로 포함시킨 점에서 큰 의미를 가진다. 보행자우선도로는 서울시에서 100여개에 달하는 시범사업 대상지를 남겼고, 이에 대한 평가보고서가 건축공간연구원과 함께 발간되어 있으며, 현재 행정안전부의 전국단위 사업으로 확대되어 시행 중이다.

운전자의 양보로 걸을만한 길

서울시에서 2016년부터 도입한 '생활권 도로공간재편사업'은 시민 일상과 가까운 동네 도로의 차로를 줄여 보행공간으로 만드는 사업으로 약 5만㎡의 보행공간이 새롭게 생겨났다. 서울광장(6,449㎡)의 7.8배에 이르는 규모다. 그로부터 2019년까지 4년 간 이태원 앤틱가구거리를 비롯해 22

개 자치구에 50개 생활권 도로가 보행친화공간으로 전환되었다. 지나치게 넓은 차로폭으로 과속이나 불법주정차를 유발하여 도로를 위험하고 불쾌하게 만들었던 차로공간을 적절하게 전환하여 비좁은 보행자를 위한 공간을 확충하는 것은 기존의 자동차 중심의 교통환경을 사람중심으로 혁신하는 사업이며 도로이용자간의 형평성과 균형을 되찾아주는 사업이다. 도로다이어트를 통해 차도를 축소하고 이렇게 확보된 공간에는 보행로와 자전거도로 등을 확충해 보행자가 최우선이 되는 환경을 마련했다. 또한 보행자쉼터 조성, 횡단보도 설치, 노상주차장 제거, 일방통행운영, 속도제한 강화 등 각 지역 여건에 맞는 개선방안도 함께 적용되었다.

이러한 변화는 생활권 뿐만 아니라 도심권(퇴계로, 연세로 등)과 부도심권(석촌호수로 등) 중심의 도로에서도 이어지고 있어 걸을 만한 길을 확대하는 데에 기여하고 있다. 미국 교통부에 따르면 보행자를 위한 도로공간 재편 후 교통사고가 평균 29% 감소한 것으로 조사됐다. 서울연구원의 조사에서도 도로공간재편 등 보행환경개선의 효과로 유동인구가 25.7%, 매출액은 평균 8.6% 상승한 것으로 나타나 기존의 도로를 걷는 사람들을 고려하면서 전환, 재편하는 사업이 도시의 활성화에도 크게 기여하고 있음을 알 수 있다.

따릉이를 통한 교통체계 혁신노력

도시 내에서 보행권역과 대중교통권역 사이의 틈새에 위치한 이동수단으로 자전거가 가지는 의미에 주목하기 시작한 것은 2007년 파리의 벨리브(Velib)였다. 당시 파리에서는 750개의 지점에 1만 여대의 공공자전거를 운행하여 시민의 이동성을 증진하고자 하였다. 서울시에서는 2015년부터 벨리브와 같은 공공자전거로 이른바 따릉이 사업을 시작하게 되는

데, 150개 지점을 5대거점에 설치하는 것으로 시작하였으며 2016년도 운영대수는 약 2천대 정도였다. 당시 서울시에서 제시한 따릉이 도입의 목표는 보편적인 자전거 이용환경을 조성하여 생활교통수단으로 자전거의 위상을 정립하는 것이었다. 이렇게 시작한 서울시의 따릉이는 2020년 현재 4만대 수준으로 획기적으로 늘어나 시민으로부터 가장 사랑받는 대표적인 시민의 발이 되었다.

 자전거를 도시내에서 본격적인 교통수단으로 운영하고자 하는 시도는 도시정책 차원에서 볼 때 매우 큰 전환점이라 할 수 있다. 이는 승용차 중심의 교통체계를 지속적으로 유지하면서 추진하기는 어려운 사업이기 때문이다. 또한 대중교통중심도시를 운영하는 데에 있어서도 중후장대한 대중교통 시스템 안에서 해결하기 어려운 미시적인 이동수요에 대해 효과적인 대안으로 활용할 수 있는 방안으로서 자전거가 큰 의미를 가지고 있다는 점을 고려해야 한다. 교통량이 집중되지 않는 교외나 비도시 지역에서의 통행수단으로서 이용되거나, 근린생활권에서 어린이나 학생들의 단거리 통학용으로 사용되었고, 스포츠의 한 유형으로서 강변의 자전거 도로 등에서 이용되던 자전거가 도심의 한가운데에서 의미있는 교통수단으로 활용되기 위해서는 먼저 자전거를 이용할 수 있는 여건을 확보할 필요성이 있다. 이러한 여건은 실제로 자전거를 개인적으로 주차하는 어려움을 줄여주기 위해 공용자전거를 보급하고, 자전거의 안전한 통행을 위한 물리적 시설을 보완하고, 자동차의 행태에 의해 위협받지 않도록 자전거 통행보장을 위한 규제 등을 개선하는 작업 등이 필요하다. 네덜란드의 사례들을 보면 자전거의 이용확대를 위해 도로교통법, 사고시 보험관련 처리방안, 도심내 승용차 주차공간의 조정 및 주차요금 인상 등의 정책적 수단을 함께 전개해 왔으며 이와 함께 자전거를 위한 도로공간재편 및 교차로 개선작업을 통해 도로망 전체를 변화시켜왔다.

서울시 따릉이의 선도적인 도입과 활용은 여러 지자체에서 공용자전거를 도입하는 데에 큰 영향을 주었다. 세종시의 어울링, 안산시의 페달로, 대전시의 타슈, 순천시의 온누리, 창원의 누비자 등 다양한 브랜드를 가지는 공용자전거가 도입되었으며, 각 도시의 여건하에서 도시정책 차원의 효과는 상이하게 나타나고 있으나, 새로운 교통수단의 잠재력과 가로공간 재편의 실마리로서의 의의를 부여하고 있다.

하이라인의 꿈, 서울로의 길

2017년 5월 20일 서울역 앞 고가도로의 새로운 변신이 시민들에게 그 모습을 드러냈다. 이른바 '서울로7017'의 등장이다. 1970년에 만들어져 오랫동안 자동차를 위해 일해온 고가도로가 보행자를 위한 길로 바뀌었다. 사실 뉴욕 맨하탄에서 구현된 하이라인은 시민들의 많은 노력에 의해 현실화된 측면이 강하다. 반면 서울로는 서울시의 리더십이 더 컸다.

하이라인과는 매우 다른 물리적 여건, 그리고 공모를 통해 적용된 설계 개념이나 물리적인 세부요소에서는 적지 않은 논란이 많았으나, 결과적으로 서울로 7017은 적어도 지역에는 긍정적인 영향력을 끼치고 있는 것으로 나타났다. 서울로 7017의 개장 이후 '서울로7017 보행특구'1.7㎢의 보행량, 상권변화, 이용자인식 변화를 분석한 결과를 보면 보행량은 주말 최대 48.6%, 주중 28.5%가 증가하였으며 특구 내 카드매출액이 42%, 소매업수도 140% 증가한 것으로 나타났다. 서울로7017 이용자 69%는 보행특구에 만족하고 있으며 편의, 문화 공간 확대 측면에서 높은 점수를 주었다. 이는 서울로가 단순히 물리적 랜드마크의 기능에서 지역의 활성화 및 인지도 개선에 큰 영향을 주고 있다는 것을 의미하였다. 이러한 성과에 고무된 서울시는 보행특구를 녹색교통진흥지역 지정된 명동, 광화문 등 도심 전역으로 확대하는 계획을 세우게 된다.

설계안 자체에 대한 많은 의견에도 불구하고 강력하게 추진된 서울로

© 서울시

7017은 사실 걷기에 매우 편한 여건이 아니었음에도 불구하고, 차량을 위해 이용하던 시설을 보행자 전용으로 전환하여 하나의 새로운 양식의 선형공원을 조성하였다는 점에서 서울의 정책적 지향을 상징적으로 보여주는 데에는 성공한 것으로 보이며, 다른 한편으로는 서울역으로 양분되었던 양쪽 지역의 보행자들을 이어주는 역할을 함으로써, 주변지역을 활성화하는 데에 기여한 것으로 보인다. 이러한 영향력은 다시 주변의 상권에 들어서는 점포나 건축물들이 변화하는 데에 이르고 있어, 하나의 랜드마크로서의 역할을 충실하게 수행하고 있는 것으로 보인다. 서울로7017은 또 하나의 보행테마파크에 불과한 프로젝트가 아닌가 하는 비판을 받을 수 있었지만, 서울시는 이를 바탕으로 도심의 전환을 더 역동적으로 추진하게 되었다는 점에서 그 의미를 긍정적으로 평가할 수 있다.

보행권을 위한 기준, 인도 10계명

서울시는 특정 사업을 추진하는 한편, 일상적으로 걷는 사람들의 공간인 인도의 정비를 통해 보행권을 강화하고자 2019년에 들어 '인도 10계명'을 발표한다. '인도 10계명'은 보도 위에 설치된 모든 가로시설물의 설치기준, 시민 보행불편을 초래하고 있는 기존 시설물의 정비방향과 세부 추진계획을 담고 있다. 이는 2012년에 시작한 '보도블록 10계명'에 이어 두 번째 10계명으로 제시되었다. 이는 물리적인 정비에 이어 걸어가는 이들이 불편을 겪는 공간체험을 개선하고자 하는 내용으로 정책목표가 확장된 것을 의미한다.

시민과 함께 걸어가기

인도 10계명에서 가장 마지막에 제시된 항목은 '함께 하겠습니다.'인데

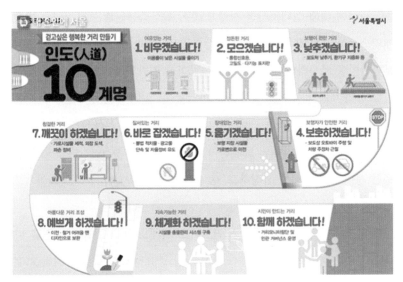

[그림] 서울시 인도10계명(2019) (출처: 서울시청)

서울시는 걷기 편한 길을 만들기 위해서 공무원과 전문가 뿐만 아니라 '거리모니터링단'을 적극적으로 운영하여 8년간 5천여 명에 달하는 시민들로 하여금 보행환경개선에 참여하도록 하였다. 거리모니터링단은 2012년 '보도블록 10계명'의 일환으로 보행자가 직접 보도시설물 파손 신고, 교통약자 불편요인 등에 대한 개선방안을 건의하여 보행불편사항에 대한 조기 민원을 해소하기 위해 운영하였으며 424명으로 시작하여 2019까지 8년간 5,191명이 활동하여 총 28만6,689건이 신고가 접수되었다. 이러한 광범위한 시민참여는 개별 지점별로 상세한 문제점을 파악하기 어려운 보행환경의 문제점을 찾아내는 데에 크게 기여를 한 것으로 보인다.

또한 길을 걷는 데 있어 가장 불편을 느끼기 쉬운 장애인의 시각에서 보행환경을 진단하는 교통약자 이동편의시설 실태 전수조사를 2019년 처음으로 '강북권'보도(866km)에 대해 완료하고, 2020년에는 '강남권'보도

(803km)에 대해 실태조사를 시행하였다. 현장조사원들은 장애인과 비장애인으로 구성된 2인1조로 직접 보행하면서 장애인의 눈높이에 맞춰 보행 불편사항을 조사하였다. 이러한 조사방식은 일반인들은 쉽게 넘길 수 있는 교통약자들의 불편을 상세하게 파악할 수 있어 교통약자들을 고려한 걷고 싶은 길을 조성하는 데에 큰 기여가 되고 있다. 서울시는 이러한 조사결과를 활용하여 장애인 보행량이 많은 지역 등 향후 5년간('20~'24년) 우선 정비 대상지역을 선정하고, 총 474억 원을 투입하여 11,144개소를 정비할 계획이다.

사실 서울시의 다른 어떠한 노력보다도 실제로 걷는 이들의 의견을 바탕으로 길을 개선하고자 하는 노력이 가장 중요하고도 뜻깊은 지점일 것이다. 걷고 싶은 길을 만들기 위해서는 그러한 방법만이 최선일 수밖에 없다. 길을 걷는 사람마다 바라는 것과 가지고 있는 여건이 다르기 때문에 우리는 한, 두 측면의 기술적, 정책적 판단만으로 걷기 좋은 길을 만들기는 어렵다. 누가 얼마나 우리의 길을 이용하도록 할 것인지 다시 판단하기 위해서는 더 많은 이야기가 필요하다는 점이 보행정책을 추진하는 과정에서 더욱 깊이 고려되어야 한다.

세종대로의 변모, 우리가 가야할 길

1.5km 항상 이용하거나 오래 보아왔던, 친숙하고 상징적인 길이 바뀌는 것은 사람들에게 큰 의미를 가지게 된다. 세종대로는 이제 시작에 불과하다. 서울시는 2025년까지 녹색교통지역 22개 주요 간선도로를 걷고 싶은 보행 환경으로 개선하는 '도로공간재편'사업을 추진해 '걷는 도시 서울'을 완성해 나갈 계획이다. 광화문에 횡단보도가 설치된 것은 2005년이 되어서야 가능했다는 점을 돌이켜볼 필요가 있다.

예산낭비의 대명사처럼 언급되어온 보도블럭 논의에서 시작된, 걷기 좋은 길을 만들기 위한 서울시의 정책적 노력은 우여곡절을 거쳐 이제 서울시의 큰 길들을 보행자를 위해 바꾸는 지점까지 와 있다. 앞서가는 외국도시들의 공간적 변화와는 다른 궤적을 그려왔지만 대도시 서울은 지나고 보니 그동안 함께 해 왔던 하나하나의 정책이나 사업의 한계에도 불구하고 지속적으로 변화해 온 것을 깨닫는다. 하지만 그 변화를 전환으로 이어가기 위해서는 이전과는 약간 다른 방식의 사업, 다른 논의들이 더 필요하다. 걷고 싶은 길은 세종대로나 보행특구에 한정되어서는 안된다. 우리는 서울 어디서나 걸어야 한다. 걷고 싶은 길이 있어야 살고 싶은 서울이 될 것이기 때문이다.

세종대로 구간이 차로를 축소하고 보행공간을 확충하면서 자전거도로, 공유차량 주차공간, 가로숲 등으로 조성된다.

ⓒ 서울시

주거복지를 넘어 공간복지로

주택·도시분야에서 박원순 서울시장의 10년을 관통하는 키워드는 사람중심 도시관리와 서민주거 안정이다. 이와 함께 인구구조 변화, 4차 산업혁명, 청년문제, 일자리문제 등 새롭게 대두되는 사회적 변화와 이에 따라 등장한 여러 현안들에 대응한 도시개발도 이루어졌다. 따라서 이것이 중앙정부나 다른 지자체에서는 찾아보기 힘든 박원순표 주택 및 도시정책이라고 핵심적으로 요약할 수 있다. 그렇다면 구체적으로 살펴 보자.

뉴타운사업을 사람중심 도시관리정책으로 전환하다

박원순 서울시장은 2011년 10월 취임 이후 시민의 다섯 가지 복지 기준 가운데 하나로 '주거'를 들었다. '사람 중심 도시 개발'에 집중하겠다는 뜻이었다. 뉴타운 같은 대형 프로젝트에서 탈피하는 출구 전략을 시행하고 한

강변 개발 지침을 마련하는 등 '인간 친화적인 도시 복원'에 집중하겠다는 것이었다. 박원순 서울시장은 취임 일성으로 "뉴타운은 태생부터 잘못된 것이며 전임 시장이 추진한 '휴먼타운 조성사업'도 '마을 가꾸기 사업'으로 전환, 재정비촉진지구 역시 공동체를 회복하는 주민 참여형 사업으로 진화시키겠다"고 말했다. 박원순 서울시장의 지향점을 반영해 각종 아파트 정비 계획과 재건축사업, 한강 르네상스 사업 등을 전면 재검토했다. 무분별하게 진행했던 1,000여 곳에 이르는 재정비예정지구는 도시재생기법으로 새로운 출구전략을 제시했다. 진지한 검토 끝에 한강변 층고(層高) 제한도 시행했다. 당연하게 여겼던 전면 철거 재개발도 폐지했다. 대신 민·관이 협력하여 더 나은 동네를 만들어가는 도시재생은 강제 철거, 저조한 원주민 재정착률, 투기 조장 등 전면 철거 재개발의 여러 문제를 해결할 대안으로 선택되었다. 그 결과 10년 동안 재정비예정지구 주민들이 주민 투표를 통해 재정비 지구 계획을 해제한 경우가 700여 건에 이르렀고, 이들은 도시재생을 통한 점진적이고 주민이 참여하는 정비 방식으로 전환하게 되었다.

박원순 서울시장이 내세운 정책 지향을 반영해 재개발과 재건축에는 공공이 주도하게 되었다. 관악구 강남아파트, 성북구 스카이연립, 강동구 천호재개발 등이 대표적으로 공공이 주도한 재정비 사례다.

먼저, 천호재개발 사례를 예로 들어보면, 애초에 2009년 1월 천호 뉴타운1 도시환경정비구역으로 지정되었던 천호1 도시환경정비사업은 10여 년 째 개발이 지연되고 있었다. 2019년 SH공사가 천호1 도시환경정비사업에 참여하면서 착공했고 2023년 완공을 앞두고 있다. 노후 주거 환경을 개선한다는 공공의 목적과 더불어 새로운 도시 재생 유형으로 자리매김한다는 기대 속에서 공공과 민간 조합이 공동 시행하는 사례가 될 것이다.

또한 관악구 강남아파트는 2001년에 재난 위험 시설(D등급)로 지정되어 붕괴 위험 문제로 조속하게 사업을 시행해야 했으나 사업성 저하, 조합 내부 갈등, 부동산 침체, 네 차례의 시공사 사업 포기 등으로 15년 동안 방치된 노후 아파트였다. 이 역시 2018년 SH공사와 공동시행으로 재건축 시공을 진행하고 있다.

SH공사의 재개발·재건축 사업 참여는 각종 부조리와 갈등이 만연한 기존 조합 시행 방식의 문제점을 개선하는 동시에 공공기관의 장점을 살려 설계와 시공 과정에 전문성과 투명성을 확보하는 등 공공에 의한 새로운 재정비 사례로 자리 잡았다.

서울의 도시재생사업은 노후 주거지 정비사업 뿐만 아니라 마을돌봄거점 조성 사업, 주민역량 강화 사업, 생태놀이터·쉼터 조성 사업 등의 공동체 활성화와 골목인프라 조성 사업, 노후청사 복합화 사업 등의 지역 자원을 활용한 마을특화 사업으로 사람중심의 도시를 만드는 데 초점이 맞추어져 있다. 특히 이 과정에서 주민이 주도할 수 있도록 하고 있다.

나아가 도심 한복판에 자리한 세운상가 재개발 추진 과정에서 임대료 부담에 고통 받는 임차인을 보호하기 위해 서울시가 발 벗고 나서기도 했다. 세운상가 건물주는 임대료 인상을 자제하고 임차인은 상가 활성화에 적극 나서기로 한 상생협약은 사람 중심 도시 관리의 대표적인 모범사례로 손꼽힌다.

서민주거 안정에 올인하다

2018년을 맞아 서울시의 주택정책은 또 한 번 획기적인 단계를 맞게 되었다. 민선 7기, 박시장으로서는 세 번 째 임기를 시작하면서 서울시는 2022년까지 공적임대주택 24만 호를 공급한다는 계획을 발표했다. 공적

임대주택은 공공임대주택을 비롯해 사회주택, 공동체주택 등 공공지원주택까지 모든 임대주택을 포함하는 개념이다. 서울시는 2019년 4만 7,212호 등 매년 4만 7,735호를 공급할 계획이다. 24만 호 중 건설형이 1만 7,000호, 매입형이 4만 2,800호 등 공공임대주택 11만 7,000여 호, 역세권 청년주택, 사회 · 공동체주택 등 공공지원주택 12만여 호로 구성된다. 5년간 공급할 24만 호 가운데 30% 가까운 6만 7,700여 호를 SH공사가 담당함으로써 공공임대주택의 비중을 높였다.

2018년에 강남을 중심으로 집값이 가파르게 상승하자 문재인 정부는 3기 신도시 건설을 뼈대로 한 집값 안정 대책을 발표했다. 집값 상승의 진원지인 서울에서 주택공급을 확대하기 위해 그린벨트를 풀겠다는 계획이었다. 서울시는 정부의 그린벨트 해제 대신 시내 유휴 공간을 중심으로 주택 8만 호를 추가 공급하겠다는 대안을 발표했다. 또 박원순 서울시장은 임대주택 충원에도 관심을 쏟았다. 현재 서울시 주택 재고 약 380만 호 중 2017년 기준 7.4% 수준인 임대주택 비율을 2022년에는 10%, 2030년까지 20%대까지 끌어올린다는 구상이다. 공공주택 비율 20%는 주택 시장에 영향을 미치는 수준으로 공공주택 공급을 통한 서민주거 안정이라는 목표를 달성한다는 것이다.

예정보다 앞당겨 전체 380만여 호 주택 중 공공주택 비중이 10%에 도달하는 것은 2021년에 가능할 것으로 보인다. 목표 달성을 위해 마곡지구, 고덕강일지구 등 '서울의 마지막 미개발지'를 개발하고 2018년부터 공영주차장, 빗물펌프장, 도로, 버스공영차고지 등 저이용 공유지를 입체화, 복합화하여 개발하는 컴팩트시티 사업을 진행하고 있다. 2020년부터는 34개 영구임대단지 재건축 사업도 착수했다. SH공사에서 진행하는 컴팩트시티와 임대단지 재건축사업을 통해서는 공공주택이 공급될 예정이다.

지난 10년 간 서울시에는 다가구주택 공급도 늘었다. 특히 아파트 공급이 어려운 강북, 경사지 등에는 소규모 정비와 함께 매입임대주택사업을 활발하게 진행했다. 매입임대주택은 SH공사가 다가구, 다세대주택 등을 매입해 개·보수한 뒤 저소득 가구에게 시중 임대료 30% 수준으로 최장 10년 간 공급하는 방식이다. 신청 자격은 서울시 무주택 세대주 가운데 기초생활보장급여 수급자, '한부모가족지원법'에 따른 보호대상 한부모가족 순이었다. SH공사는 2012년 537세대를 공급했으며, 2014년에는 2,400세대로 공급을 크게 확대했다. 이후 2019년, 2020년에는 각 6,500호 이상을 공급하여 2022년에는 매입임대주택 재고 4만호를 돌파할 예정이다.

청년을 위한 주택 공급도 활발하게 추진했다. 2012년 1월 대학생을 위한 임대주택 '유스 하우징'을 고려·성신·국민대학교 등이 모여 있는 정릉동 인근에 268실을 공급했고 같은 해 7월에는 덕성·명지·건국대학교 등 20여 개 대학 주변에 329실을 각각 공급했다. 임대 보증금 100만 원에 평균 월 임대료 6만 원 내외로 대학생이 주거 걱정 없이 학업에 전념할 수 있는 길을 연 것이다. 청년을 위한 주택 공급은 창업주택인 '도전숙(挑戰宿)'으로 이어졌다. 2020년 여름 도전숙 시즌2인 에이블랩(ABLE LAB)으로 진화한 청년창업주택은 2020년 현재 1,500여 호 공급이 진행 중이다.

다양한 직업에 종사하는 서민에겐 맞춤형 주택을 공급했다. 2017년 3월 금천구 가산 디지털 단지 종사자를 위한 G밸리하우스 입주자를 모집했다. G밸리하우스는 가산동 150-7번지 외 2필지에 연면적 1,800㎡ 지상 5층 건물 3개 동 총 48세대로 조성했다. 입주자 공동체를 활성화하기 위해 각 동 1층에 회의 등 모임을 할 수 있는 커뮤니티실도 제공했다.

자치구 수요자 맞춤형 주택은 지역 특성과 입주 수요를 감안한 주택으로 자치구 마다 특성을 살릴 수 있다는 것이 큰 장점이다. 성동구와 협약을 맺고 추진하는 성동구 마장동 복합형 맞춤형 단지는 인근 축산물 시장 종사자, 성수동 수제화 거리 종사자, 사회적 경제 기업 종사자 등 입주자 특성에 초점을 맞췄다. 마장동 복합형 맞춤형 단지는 성동구 마장동 503-8 외 3필지에 지상 6층 매입 다세대 건물 4개 동으로 총 58세대 규모다.

성북구와는 수요자 맞춤형 주택인 '성북구 정릉동 예술인 공공주택' 19호를 공동으로 공급했다. 이 주택은 성북구 정릉동 793-3번지 2개 동 19세대로 주민이 회의 공간 등으로 이용하도록 별도 공동 시설을 만들었다.

SH공사, 도봉구, 한국만화가협회는 2019년 수요자 맞춤형 공공임대주택 '만화인 마을' 공급을 위한 업무 협약을 체결했다. SH공사는 만화인에게 공급할 수요자 맞춤형 임대주택을 마련하고 도봉구는 입주자 신청 접수를 받았으며 한국만화가협회는 역량 있는 만화가를 선정하는 등 협력 체제를 구축한 것이다. 첫번째 만화인 마을로 도봉구 쌍문동 137-179번지 연면적 611.13㎡에 지상 5층 건물인 총 11세대가 마련됐다.

한편 서울시는 민관 공동출자형 신개념 임대주택인 사회주택과 공동체주택 사업도 적극 추진 중이다. 시는 총체적인 주거난 시대에 공공의 노력만으로는 주택공급에 한계가 있음을 인정하고 잠재된 민간 역량을 최대한 끌어내 주거정책에 힘을 보태기 위해 민간 사업자의 참여 폭을 넓히는 방안을 마련했다. '서울특별시 사회주택 활성화 지원 등에 관한 조례'를 일부 개정해 사업 참여 자격을 기존 '사회적 경제 주체 및 비영리주택 법인'에서 중소기업까지 확대해 사업 시행자 참여 폭을 넓혔다. 또한 참여를 원하는 민간 사업자와 입주 희망자에게 원스톱 상담서비스를 제공하는 '사회주택 종합지원센터'를 오픈하고 '사회주택 플랫폼'을 운영 중이다.

이밖에 '주거사다리' 가장 아래에 있는 청년이 희망을 포기 하지 않도록 '신혼부부 임차보증금 지원제도' 등도 앞장서 시행하고 있다. 이를 통해 주거 여건 마련에 어려움을 겪는 신혼부부에게 최대 2억 원의 전월세 보증금을 지원한다.

사회 변화보다 앞선 도시개발로 스마트시티의 건설 추진

박원순 서울시장은 2018년 민선 7기 공약으로 "4차 산업혁명의 신산업 플랫폼인 스마트 시티 기술을 과감히 도입해 입주민 삶의 질과 서울시 도시 경쟁력을 높이겠다"고 밝혔다. 이러한 의지를 바탕으로 서울시와 SH공사는 4차 산업혁명 시대에 대비해 스마트도시정책관, 스마트도시사업단 등 조직을 정비하고 마곡, 고덕·강일 등을 스마트시티로 개발하는 한편 스마트 아파트 건설을 본격화했다.

SH공사는 4차 산업혁명의 핵심 기술인 인공지능과 IoT를 적용한 스마트 아파트를 건설하기로 하고 2018년 3월 23일 통신 사업자인 LG유플러스, 홈 네트워크 공급사인 아이콘트롤스와 코맥스, 코콤과 업무 협약을 맺었다. SH공사는 이 협약을 계기로 홈 네트워크 시스템과 인공지능을 결합한 홈 IoT 플랫폼을 개발, 모든 신규 건설 아파트에 적용하기로 했다. 스마트 아파트는 기존 홈 네트워크 시스템에서 제공하는 가스 차단, 난방 제어, 조명 제어 등은 물론 IoT 기술이 적용된 전자 제품을 인공지능 스피커로 음성 제어할 수 있다. 인공지능이 결합된 홈 IoT 플랫폼이 구축되면 홈 네트워크 시스템 관련 앱과 IoT 적용 전자 제품 등을 제어하는 앱을 통합 운영할 수 있게 된다. 항동2~4지구 3개 단지 2,000여 세대를 시작으로 위례지구, 고덕·강일지구, 구룡마을 등 신규 건설 아파트에 통합 플랫폼을 적용하였다. 이로써 국내 주거 환경 수준을 한 단계 업그레이드시키는 한 축을 담당하게 된 셈이다.

이어 2018년 3월 SH공사는 강서구와 함께 마곡지구를 에너지 절약 특

컴팩트시티, '북부간선도로'신내IC~중랑IC 상부에 주거·여가·일자리가 어우러진 자족적 컴팩트시티를 조성하는 '북부간선도로 입체화사업'입니다[출처] 도로 위 컴팩트시티 신내4북부간선도로 입체화사업   ⓒ SH공사

화 지구로 발전시킨다는 계획을 발표했다. 마곡지구는 첨단 산업과 주거가 결합된 친환경 도시, 복지 도시로 계획되었을 뿐만 아니라 U-City 구축 사업으로 공공정보 통신망, 도시통합운영센터 등 인프라가 잘 갖춰져 스마트 시티 조성에 적합하다. SH공사는 IoT와 인공지능 등 첨단 기술을 적용해 스마트시티 플랫폼을 구축하고 4월 5일에는 강서구 및 LG CNS와 업무 협약을 체결했다. 이후 마곡 스마트시티 조성 전략 수립과 기본 구상, 공동 투자를 통한 도시 관리 플랫폼 운영 등으로 유관 기관과 협력하고 있다. 2019년부터는 에너지 낭비 요소를 줄인 스마트 가로등과 스마트 쓰레기통을 도입하고, 스마트 교통 시스템과 주차 안내, 스마트 방범 시스템 등을 운영하고 있다.

더불어 IoT 등 최첨단 스마트 기술과 복합커뮤니티 시설 등 공간 복지가 어우러진 '소셜 스마트시티'를 고덕·강일지구에 추진하고 있다. 사물인터넷, 정보통신, 교통, 환경 등과 관련된 하드웨터 인프라 구축에 더해 시민참여, 커뮤니티 조성 및 활성화, 사회적 안전망 구축 등 소프트웨어 인프라까지 고려한 공동체 주거 공간을 구축하겠다는 계획이다. 이를 통해 단순한 주거 공간이 아니라 시민이 주도적으로 참여해 주거공동체의 삶의 질을 향상시키는 스마트한 공간 복지를 이루겠다는 포부다.

SH공사는 자치구와 함께 지역의 산업특성을 반영한 스마트앵커 사업을 추진하고 있다. 중랑구와 함께 '패션봉제 스마트 앵커'를 마련한데 이어 마포구와 '출판·인쇄 스마트앵커', 중구와 '인쇄 스마트앵커'를 세울 계획이다. 이를 통해 4차 산업혁명에 대응하는 스마트한 서울을 만드는 작업을 착실히 수행하고 있다.

1-2인 가구에 대응한 청신호

2018년 가을 SH공사는 보금자리 마련에 어려움을 겪는 청년과 신혼부부를 위해 맞춤형 특화 주택을 공급하는 '청신호 프로젝트' 추진에 들어갔다. 2018년 박원순 서울시장이 취임하면서 서울시는 10월 10일 서울월드컵경기장 리셉션 홀에서 '내 삶을 바꾸는 10년 혁명'이라는 혁신 보고회를 개최했다. 이 자리에서 서울시 투자기관과 출연 기관 24곳이 혁신 방안을 발표했으며 SH공사는 '청신호 프로젝트'를 공개해 눈길을 끌었다. '청신호 프로젝트'의 '청신호(靑新戶)'는 청년(靑)과 신혼부부(新)의 앞글자를 따고 여기에 집을 뜻하는 '호(戶)'를 붙여 만든 말로 더 큰 꿈을 꾸고 미래를 그리는 내 집 마련에 청신호를 켠다는 의미를 담았다.

2019년 1월 25일 창립 30주년 기념식에서 SH공사는 새로운 30년을 준비한다는 의미로 박원순 서울시장과 함께 '청신호 선포식'을 열었다. 취업

난 등 3포 세대, N포 세대로 불리는 청년과 신혼부부 주거 문제를 해결하는 데 앞장서기 위해 청신호 주택을 본격 공급하겠다는 선언이었다. 김세용 SH공사 사장은 '한 평 더, 한 칸 더, 한 걸음 더' 등 맞춤형 특화 평면과 커뮤니티 시설 등 청신호 주택의 핵심 내용을 소개했다.

청신호 주택은 서울시가 청년층과 서민 보금자리 총 24만 호 공급을 목표로 발표한 '공적임대주택 5개년 공급 계획'과 SH공사의 '공간복지 실현 및 청년주택 특화 정책'에 따른 주요 사업 중 하나다. 청년을 위한 청신호 주택은 ▲청년 노마드형(원룸형) ▲워크&라이프형(거실, 침실 분리) ▲소셜 다이닝형(거실 확장형) 세가지 유형이 있고 신혼부부를 위한 주택은 ▲자기 계발형(자녀가 없는 신혼부부) ▲자녀 계획형(2~3인 가구) ▲자녀 양육형(3~4인 가구) 3가지로 개발됐다. 육아 중심으로 기획된 기존 주택과 달리 자녀가 없는 부부까지 고려한 설계다. 청신호 주택이 공식 출범함에 따라 SH공사는 2019년부터 매입형 임대주택 5,000호 가운데 절반인 2,500호에 청신호 특화 평면을 100% 적용하기로 했다. 이와 함께 건설형 청신호 1호 주택으로 정릉동 행복주택(총 166세대 규모)을 2020년 4월 입주시켰다. 서울시 공공주택 24만 호 공급 계획 중 절반 정도가 청년과 신혼부부에게 공급되며 이 가운데 청신호 주택이 상당 부분을 차지한다.

청년창업을 위한 캠퍼스타운과 도전숙

2019년 박원순 서울시장은 서울시를 경제특별시로 만들겠다는 포부를 밝혔다. 서울시와 SH공사는 실행 방안으로 캠퍼스타운과 도전숙, 창업 지원 시설을 결합한 창업 밸리 조성을 추진 중이다. 창업과 주거 기능에 초점을 두고 보급한 맞춤형 임대주택 도전숙과 서울시내 각 대학이 창업 지원을 위해 조성한 캠퍼스타운의 거리 문제를 해결하고 두 시설을 연계시켜 창업 육성 효과를 개선, 집적 효과를 끌어내는 것이 가장 큰 목적이다.

SH공사와 자치구가 협업해 만든 도전숙과 창업지원주택('17년 11월, 국토교통부가 도전숙을 법에 반영한 청년 창업과 주거 지원 임대주택)을 직접 연결해 창업 밸리를 형성하고, 기존 캠퍼스타운에 조성되어 있는 SSS(smart start-up studio, 대학 자원을 활용해 창업 허브 역할을 하는 캠퍼스타운 내 창업 공간)와 도전선(도전숙에 부족한 인재 교육, 창업 지원, 연대 사업 공유 기능을 지원하는 공유 오피스나 게스트룸)을 결합시켜 창업+주거 플랫폼을 제공할 계획이다. 2022년까지 정릉, 홍릉, 신촌, 노원 등 4개 권역에서 도전숙 4,000실(권역별 1,000실)과 도전선 200개소(권역별 50개소), 캠퍼스타운 자원을 활용해 창업 허브와 클러스터를 형성하는 사업을 추진하고 있다.

서울시는 대학의 인적 · 물적 자산을 활용하여 창업 및 지역 활성화를 추구하는 캠퍼스타운 사업을 2025년까지 60개소(종합형 10개소, 단위형 50개소) 조성 · 운영할 예정이다. 2018년 고려대학교 시범사업을 시작으로 2019년 현재 종합형 4개 대학, 단위형 28개 대학이 추진 중이다. 어려워지는 경제 여건에서 관심이 고조되는 청년 창업을 촉진하고 창업자 등에게 실질적이고 신속한 도움을 제공하며 지역경제에도 긍정적 도움을 주고받는 지역주민과 함께하는 지역상생형 프로그램을 운영하는 것이다.

한편 SH공사는 도전숙 시즌2인 에이블랩을 통해 청년 창업공간을 확대해 나갈 계획이다. 에이블랩 사업을 통해 캠퍼스타운 인근에 도전숙과 창업지원 시설이 결합한 지역단위 클러스터를 조성하고 자치구, 대학, SH공사 간 협력을 강화한다는 계획이다.

주거복지를 넘어 생활밀착형 공간복지의 시작

지난 10년 간 박원순 서울시장은 사람중심 도시 관리와 서민 주거안정을 위해 쉼 없이 달려왔다. 고층 건물과 랜드마크로 상징되던 서울 시내 구석구석에 사람 사는 냄새가 나기 시작했으며, 청년과 서민, 저소득계층을 위한 다양한 형태의 주택이 제공되었다. 하지만 2020년 코로나19 감염병 유행과 경제위기 상황 등을 거치며 확인된 지역 간 불균형 문제는 앞으로 서울시가 해결해야 할 큰 숙제다. 박원순 서울시장이 옥탑방살이 종료 후 "강남북 불균형 해소 위해 강북 우선 투자하겠다"고 천명했으나 남겨진 과제는 쉽지 않다.

최근 주택난으로 몸살을 앓았던 서울시내에 서민이 살만한 주택을 안정적으로 공급하는 것도 시급한 과제다. 미래 유산인 그린벨트를 풀어서 주택을 공급하기보다는 공용차고지, 유수지, 도로 등 공간을 창의적으로 활용하는 발상의 전환이 필요하다.

급격한 경제성장과 도시화를 경험한 서울은 심각한 주거 문제를 안고 있다. 한국전쟁 이후 황폐해진 서울에 몰려든 피난민들로 산꼭대기까지 판자촌이 난립했고, 이에 과거 정부는 공공임대주택 사업을 시행했다. 하지만 이제 서울은 단순히 주택을 공급하는 데 그치는 주거 복지를 넘어 공간 복지를 준비해야 할 때이다. 시민이 사는 동네에서 일상적인 생활 편의 서비스를 누릴 수 있도록 보다 면밀한 준비가 필요하다. 이제 박시장이 10년간 공들여온 사람중심 도시관리, 서민중심 주택공급의 기조를 바탕으로 시도되었던 과감한 정책들이 새롭게 조명되면서 서울시민을 위한 주거정책은 계속 진화되어야 할 것이다.

도시의 패러다임을 바꾼 서울시 도시재생, 출발과 진화

서울의 빛과 그림자

서울은 한강 중심으로 도시가 생겨나고 도읍지로서 크게 성장하였지만 오랜 세월 침체가 이어지다가 조선왕조와 일제강점기, 해방의 중심지로 다시 성장하였지만 한국전쟁으로 크게 파괴되는 운명을 맞이하였다. 이후 서울은 대한민국 고도성장의 주역으로 역할을 하면서 지금의 면모를 갖추는 데 성공한 곳으로 2천 년 동안 도시의 태동, 성장, 쇠퇴, 성장, 파괴, 재건, 성장이라는 구불구불하고 장구한 도시 역사를 이어나가고 있다.

유례를 찾아보기 어려운 서울의 변화는 곧 대한민국 고도성장 상징으로 받아들여지고 있고, 서울에 집중된 인프라와 인적자원은 우리나라의 심장과 뇌 기능을 하고 있다. 그렇지만 앞만 보고 빠르게 달려온 고도성장과 편리하고 매력적인 모습의 이면에는 성장으로부터 소외된 장소와 산업부문,

사람들의 문제가 있다.

서울 안에서 지역 간 불균형은 갈수록 심화되고, 방치된 지역도 늘어갔으며 인구구조와 산업변화 과정에서 소외된 이웃들을 제대로 살피지 못하였다. 특히 새로운 문명과 가치, 기술이 우대받으면서 서울의 정체성을 형성해 온 유형, 무형의 자산들은 쓰임새를 잃고 방치되었다.

1994년 성수대교에 이어 이듬해 삼풍백화점 붕괴라는 미증유의 대규모 참사를 겪으면서 일부 지식인들의 각성으로 자발적인 '도시개혁'의 흐름은 생겨났지만, 서울과 서울사람들은 여전히 성장의 마력에 빠져 있었고, 자신들이 일군 도시의 모습에 대해 설사 그것이 문제가 있다 치더라도 큰 변화와 전환의 필요성을 인식하는 데까지는 이르지 못했다. 결국 개발이익의 독점과 살인적인 강제철거방식은 2009년 1월 20일 비극적인 용산참사를 불러일으키기에 이르렀다. 이런 일련의 흐름은 박원순 서울시장의 등장에 이르기 전까지 계속되었다.

물리적 공간의 노후화, 인구와 산업 등 사회경제적 측면의 쇠퇴와 소외, 무분별하게 늘어난 뉴타운과 재개발 구역, 서울시 전체면적의 18.3%에 달하는 저층주거지 관리와 지원 미흡, 강남북 격차로 드러난 지역 간 불균형 심화, 재개발로 사라진 수많은 커뮤니티와 둥지 내몰림, 폭력적인 강제철거와 인권 유린 등은 혁신시장 박원순이 직면한 서울의 그림자들이었다.

서울 도시재생의 시작과 과정

종합적인 정책체계와 수단으로서 도시재생을 인식하지는 못했으나 물리적 정비를 통해 쇠퇴부를 활성화하려는 노력을 해왔던 기존의 서울시정을 탈피하여, 도시의 패러다임 전환으로서 도시재생을 인식하고 종합적이고 체계적인 도시재생 정책을 도입하게 된 데는 혁신마인드를 가진 박원

뉴타운과 재개발 출구전략으로부터 출발한 서울시 도시재생은 점차 공간과 영역을 확장해나가며 종합적인 도시재생이라는 패러다임의 전환으로 발전하게 된다.　　　© 서울시

순 서울시장 등장이 결정적 계기가 되었다.

2012년 1월 뉴타운·재개발 수습방안을 발표하여, 예정대로 개발되지 못하고 정체되어 주거환경과 주민의 삶의 질이 더욱 열악해지고 있는 정비구역 주민들이 스스로 진로를 결정할 수 있도록 하는 한편, 이러지도 저러지도 못하고 있는 정비사업의 출구전략으로 주거환경개선사업 등을 할 수 있도록 지원하는 정책을 마련하였다.

이듬해인 2013년 4월에는 도시관리 패러다임을 개발과 정비에서 사람 중심 도시재생으로 전환하는 내용을 담은 미래 100년 도시계획 추진을 발표하고, 2014년 2월에 서울형 도시재생정책의 기반을 제공한 '미래 주거 도시재생 비전'을 제시함으로써 지금의 도시재생 개념이 본격적으로 정립된다. 미래 도시주거재생 비전은 도시재생사업이 단지 뉴타운과 재개발을 극복하는데 그치지 않고, 지역발전을 목표로 1조 원 규모의 과감한 재원투자와 서울형 도시재생을 전담할 기구 설치라는 행정적·재정적 방안을 구체적으로 제시하였다는 데서 의미가 컸다. 서울시는 도시재생으로 패러다임을 전환하고, 개념을 정립하는 과정에서 2013년 12월 「서울특별시 도시재생활성화 및 지원에 관한 조례」를 제정하였고, 2015년 3월 서울시 도시재생의 밑그림인 '서울시 도시재생종합플랜' 수립, 나아가 그해 11월에 도시재생법에 정한 최상위 도시재생 법정계획인 '서울시 도시재생전략계획'을 수립한다.

서울시 최초의 도시재생 법정계획인 '2025 서울시 도시재생 전략계획'은 따뜻하고 경쟁력 있는 도시를 비전으로 하고, 사람 중심과 정체성 강화를 강조하여 소외를 극복하면서 동시에 미래 서울을 가능하게 만드는 경쟁력을 높이고자 하였고, '함께 만들고', '함께 잘 살고', '함께 행복한'이라는 사람 중심의 세 가지의 핵심전략을 제시하였다. '함께 만들고'는 공공의 힘으로만 지역문제가 해결될 수 없다는 점을 인식하고, 시민역량을 높여 주민 스스로 문제를 해결할 수 있도록 민관이 함께 해 나가는 것을 말한다. '함께 잘 살고'에는 지역의 경쟁력 강화와 지역불균형 완화를 목적으로 이용도가 낮은 공간 발굴, 잠재적인 가용 토지 확보, 입지 잠재력이 높은 지역의 산업거점 선정, 민간투자 유도를 촉진하게 될 기반시설 투자, 지역상권 활성화 등의 도시재생사업을 추진하는 것을 담고 있다. 또 다른 핵심전략인 '함께 행복한'은 사람 중심 공간 확충과 시민의 삶의 질을 높이기 위하여 지역 역사문화자원을 활용한 새로운 명소 만들기, 주민 중심의 도시재생 주체 형성, 무장애 공간 조성, 인적자원을 활용해 도시재생 주체를 만들고, 공동체 활동을 지원하며 고령화를 대비한 무장애 공간 조성 등의 내용을 담고 있다.

서울형 도시재생은 공동체의 가치를 인정하고, 지역 정체성을 담은 재생을 추진하고, 획일적인 철거 재개발방식에서 벗어나 지역의 산업, 경제, 자연, 문화, 역사자원 특성을 존중한 지역 맞춤형 재생을 실현하고, 계획부터 실행까지 전 과정을 주민과 함께하고, 장래에는 주민이 직접 기획, 제안, 사업을 추진하도록 시민력을 높이고자 하였다. 단기적이고 물리적인 성과보다 도시재생 동력형성에 주력하고, 민간투자 촉진을 위한 공공마중물 사업에 집중하는 것도 기본 방향이라고 할 수 있다.

이런 기본방향에 맞추어 도시재생의 유형을 몇 가지로 나누었는데 아래 표와 같다. 재생유형에 따라 서울시 쇠퇴부 전역에 다양한 성격의 사업지를 선정했다. 저이용·저개발 중심지역으로는 창동·상계, 서울역세권일대, 명동 MICE, 광운대역, 상암·수색을 지정하였고, 쇠퇴낙후 산업·상업 지역으로는 세운상가, 장안평 일대, 금천가산 G-Valley를 선정하고, 역사문화자원 특화지역에는 낙원상가·돈화문일대, 세종대로 역사문화공간, 돈의문역사문화공원, 당인리발전소, 남산예장자락, 마포석유비축기지, 노들섬·여의도 문화명소를 정하고, 노후 주거지역으로는 성곽마을, 창신숭인, 해방촌, 가리봉, 장위, 신촌동, 암사1,2가동, 상도동, 백사마을, 북한산 주변지역, 서촌 등을 사업지역으로 선정하였다.

[표] 서울형 도시재생의 유형

재생 방향	신 광역 경제중심지 육성	쇠퇴·낙후지역 경제 활성화	자연·역사· 문화 정체성 강화	노후·쇠퇴 주거 지역 활성화
재생대상	대중교통 접근성이 양호하고 대규모 가용지를 보유한 지역	기존의 산업이나 상업의 재활성화가 필요한 지역	역사문화자연자산의 활용가치가 높은 지역	주거환경 노후로 정비나 개선이 필요한 지역
재생유형	저이용·저개발 중심지역	쇠퇴낙후산업 (상업)지역	역사문화자원 특화지역	노후 주거지역

장위도시재생사업지역 가꿈주택   세운상가 옥상계단

저층주거지 가꿈주택지역   저층주거지 쿨루프

　이렇게 시작한 도시재생사업의 성과를 2020년 11월을 기준으로 보면 다음과 같다. 도시재생활성화지역은 총 58개소로 경제기반형 5개 지역, 중심시가지형 15개 지역, 근린재생일반형 32개 지역, 우리동네살리기 6개 지역이며, 이중에서 국토교통부가 주관하는 도시재생사업지는 22개 지역에 달한다. 도시재생준비단계사업인 희망지사업은 16년 19개 지역을를 시작으로 총 82개 지역에서 진행되었다.

　서울시 도시재생은 과정 중심을 주요한 목표로 정하고 있는데 도시재생을 위한 시민역량 강화 4단계 과정에서 잘 나타나고 있다. 도시재생 필요성에 대한 공론화와 공감대 형성, 도시재생 주체 형성을 하는 준비단계, 도시재생 활성화지역 선정 및 계획을 수립하는 계획단계, 도시재생사업을 실시하고 자립기반을 마련하는 실행단계, 마중물사업 이후에도 지속적이고 자생적인 도시재생을 하는 자력재생단계로 구분하고 있다.

　준비단계는 특히 공동체성과 주민역량을 요구하는 저층주거지에서 더욱 강조되고 있는데 '희망지'사업이 대표적이며, 자력재생을 위해 사회적 경제와 도시재생을 연계한 도시재생기업의 설립과 육성정책도 주목받고 있다.

희망지사업은 도시재생사업을 본격적으로 하기 전에 지역문제 해결과 지역 활성화에 관심이 많은 주민이나 공동체가 지원단체의 도움을 받아 지역의제 발굴과 주민역량 강화 사업을 시행하는 것으로 이를 통해 도시 재생 공감대를 형성하고 도시재생 주민 주체를 형성하는 것을 목표로 한 다. 다른 사업과 달리 행정에서 희망지사업지를 정하는 것이 아니라 주민 이 직접 사업을 신청하는 주민공모방식으로 사업 대상지역을 선정. 주민 스스로가 사업 필요성을 인식하고 사업과정에서 다양한 이해관계와 요구 를 가진 주민의 참여를 확대하려는 것. 희망지사업의 성과를 도시재생사 업으로 연결할 수 있도록 했다. 2016년 4월 22일에 47개소의 지역에서 주 민모임과 지원단체가 희망지사업을 신청하여 큰 관심을 보였다.

도시를 변화시키는 방식을 행정보다 지역주민이 먼저 모여서 논의하고 주체가 된 후 지역의 변화를 이야기하는 첫 사례라고 할 수 있다. 또 서울 의 도시재생사업 선정 방식은 전략계획의 선지정이 아닌 주민 제안에 따 라 선정하고 그 후 전략계획에 추가 보완하는 상향 방식을 계속하고 있다.

서울형 도시재생기업(CRC:Community Regeneration Corporation) 은 사회적경제조직으로서 앵커시설 운영 및 주거지·지역 인프라 관리, 주 거복지 실현을 목적으로 하는 지역관리형과 주민의 수요를 맞추기 위한 재화나 서비스의 생산과 판매를 담당하는 다양한 커뮤니티 비즈니스 조직 인 지역사업형 도시재생기업이 매년 선정되어 성장하고 있다.

2015년 도시재생전략계획 수립 이후 본격적으로 시작된 도시재생사업 은 2020년 말 기준으로 4대 유형에 총 232개 사업이 주거환경개선, 공동체 회복, 지역경제 활성화 등을 목적으로 시행되고 있으며, 일정한 구역을 활성화지역으로 정하여 진행하는 면 단위 사업과 골목길과 가로를 중심으로 하는 선 단위사업, 특정 거점과 공간을 활성화하는 점 단위 사업이 함께 진행되고 있다.

저층주거지 주민들의 실질적인 주거복지를 실현하기 위한 수단으로 도입된 가꿈주택사업도 서울시의 고유한 사업으로 주민 체감도가 무척 높은 사업이다. 저층주거지의 단독, 다가구, 다세대, 연립주택 등 노후주택에 대한 인식을 개선하고, 집수리 공감대를 확산하여 주민 스스로 수리하고 가꾸는 '자발적 집수리 활성화'를 위하여 집수리 비용을 지원하는 사업으로 2016년 14개 가구, 2017년 32가구, 2018년 38가구, 2019년 562가구로 큰 폭으로 증가하고 있다.

민관협치를 기반으로 하는 서울 도시재생

서울시 도시재생은 민관협치를 기반으로 진행하는 것을 원칙으로 정하고 있어 민관협력이 얼마나 잘 이루어지는지가 성패를 결정한다고 해도 지나친 말이 아니다. 도시재생의 주체는 크게 서울시와 공기업 등 공공부문과 주민협의체로 대표되는 주민, 도시재생지원센터로 나누어진다.

지방정부는 도시재생활성화 사업지역의 선정부터 마중물사업 마무리까지 국가와 협력하여 사업을 총괄하고, 재원조달과 관리, 도시재생 연계사업 발굴 등의 역할을 한다. 또한 개발과 관리의 노하우가 축적되어 있고, 직접 투자를 할 수도 있는 SH 서울주택도시공사 같은 공기업의 역할도 중요하다. 주민은 주민협의체라는 자체적인 의사결정구조를 만들어 도시재생에 관한 의견 수렴과 제안을 하고, 도시재생사업 기간 내내 실행 주체로서 참여하여 도시재생 계획주체, 실행주체, 운영주체로서 역할을 한다. 도시재생지원센터는 행정과 주민을 매개하고, 도시재생화계획 수립 주민역량 강화, 주민참여 활성화, 도시재생 사회적경제조직 창업과 육성 등의 역할을 하는 조직으로서 센터가 전문적인 지식과 소통역량을 갖춘 사람들로 구성되었는지, 행정과 주민과 호흡 여부가 도시재생사업에 크게 작용하고 있다.

서울시의 도시재생 공공부문으로는 서울시와 자치구, 서울주택도시공사와 서울연구원 등 지원기관, 파트너조직으로는 대학과 사회적경제기업, 서울시출자출연기관 등이 있다. 도시재생 중간지원조직으로는 서울시 도시재생지원센터라는 광역센터와 활성화지역의 현장지원센터가 있고, 주민조직으로는 주민협의체와 지역활동가 등이 역할을 하고 있다.

도시 패러다임 전환 측면의 성과와 남은 과제

서울 도시재생의 성과와 과제를 종합적으로 살펴보면 다음과 같이 요약할 수 있다.

서울시의 종합적이고 다양한 도시재생사업은 서울시 도시정책의 패러다임을 전환하였다. 서울시 도시재생에는 과도한 성장과 무분별한 도시의 확장에서 비롯된 문제를 해결하기 위하여 도시 성장을 적정하게 관리하여 도시를 바람직한 방향으로 성장하도록 유도하기 위한 성장관리의 이론이 담겨 있으면서, 환경적으로 건전하고 지속가능한 도시를 지향한다. 그리고 소외계층을 포함해 모두가 적절한 주거에서 인간답게 살고, 다양성이 존중되고, 모든 시민이 공평하게 도시 인프라 서비스를 받을 수 있는 포용도시를 지향한다. 아울러 기후위기나 코로나19 같은 재난과 사회적 불평등 심화 등의 문제를 해결할 수 있는 도시회복력 강화를 강조하는 전환도시 등도 패러다임 전환의 내용이라고 할 수 있다.

서울시의 선도적인 도시재생사업은 국가의 도시재생사업에 큰 영향을 미치고, 다른 지방정부의 벤치마킹 대상이 되어 서울형 도시재생의 가치와 사례가 확산되고 있다. 주민역량 강화와 공동체를 기반으로 하는 도시재생의 자생적이고 지속적인 추진기반을 마련하였고, 도시재생과 사회적 경제의 연계 모델을 창출하였다.

그렇지만 여전히 남은 과제도 적지 않다. 도시재생이 지향하는 가치와 미래도시에 대한 청사진에 대한 사회적 합의 도출, 변화되는 환경변화에 따르는 정책의 재정립과 효과적 사업연계, 도시재생 민관협치체계의 공고화, 뉴타운 · 재개발 해제지역에 대한 체계적인 대책, 공공재개발과 도시재생의 상충 문제 등은 여전히 해결해야 할 난제들이다.

그렇다면 다음 서울시정에서 반드시 추진되어야 할 도시재생사업의 방향은 무엇일까?

이제는 성장동력을 만들고 일자리를 만드는 도시재생이 강화되어야 할 것이다. 지금까지 서울의 도시재생은 주로 물리적 공간 변화와 공동체의 회복에 초점을 맞춰 진행해 오면서 상대적으로 서울시민들의 먹고사는 문제와 서울 전체의 성장동력을 만들어내는 도시재생사업은 미흡한 실정이다.

지금 도시재생은 특정 공간이나 장소를 중심으로 도시재생을 하고 있는데 조만간 우리나라도 산업의 쇠퇴에 대응하여 도시의 성장동력을 근본적으로 전환하면서 공간구조나 산업구조를 전혀 다른 것으로 바꾸어내는 도시의 운명을 건 거대한 실험이 일어날 것으로 예상하며, 서울시가 이를 선도하는 역할을 해야 할 것이다. 외국에서는 이미 여러 도시에서 이런 시도를 성공적으로 한 예들이 있습니다. 스페인 빌바오시는 조선업, 철강 등 중공업도시였는데 30여 년 동안 쇠퇴를 거듭하다가 1990년대 들어 구겐하

임미술관으로 상징되는 문화중심도시로 탈바꿈하여 성공의 길을 걷고 있다. 이런 점에 비추어볼 때 서울의 쇠퇴지역을 중심으로 새로운 산업거점을 만들어 성장동력을 만들고, 방치된 산업유산이나 자원을 활용하는 도시재생 정책개발이 한층 강화할 필요가 있고, 도시재생기업도 더욱 활성화할 필요가 있다.

서울의 저층주거지재생사업은 재개발사업의 대안으로 시작되었지만 보존 및 소규모 정비만으로 물리적인 쇠퇴를 극복하기에는 어려운 실정이라는 사실을 인식하고, 개발과 보존의 조화를 꾀하는 정책이 개발되어야 하고, 노후주택 집수리에 대해서도 더욱 적극적인 태도가 요구되며 이를 통해 도시재생과 개발의 조화로 저층주거지를 실질적으로 재생하는 것도 여전히 중요한 과제로 남아 있다.

탄소중립을 실현하고, 지속가능한 서울을 만드는 데 도시재생이 기여해야 한다. 정부가 2050 넷 제로(Net Zero:탄소중립)를 선언하면서 우리 사회도 지구적인 과제해결을 위한 적극적인 참여와 대응이 한층 강화될 것으로 예상된다. 따라서 서울 도시재생에서는 지속 가능한 서울을 만들기 위하여 국가의 넷-제로를 실현하는 그린뉴딜정책과 적극적으로 연계하여 지역에너지 자립과 생태환경 조성, 자원순환체계 구축 등의 사업을 도시재생사업에 적극적으로 반영하여 지속가능한 서울을 만들고 넷-제로 달성에 기여하는 서울도 살리고 지구도 살리는 도시재생으로 발전해야 할 것이다.

도시재생사업은 물리적인 공간의 변화, 성장동력과 산업구조의 개편, 커뮤니티의 회복 등 다양한 영역에서 이루어지고 있고, 공학적이고 산업적인 기술과 경험, 지식을 지니고 있거나 공동체 회복에 전문성을 지닌 인재들의 참여가 갈수록 확대되고 있다. 그러나 여전히 직업군으로서 정립되지 못하고 있고, 자신의 장래에 대해 확신을 갖지 못하고 있거나 불안정한 고용 환경에 놓여 있는 게 현실이다. 서울 도시재생의 고도화를 추구하고, 직업적 안정성도 보장할 수 있도록 서울시 도시재생 인적자원 육성과 관리체계를 구축하는 것도 다음 서울시정의 도시재생 핵심과제가 되어야 할 것이다.

나가며

도시재생은 지금도 진화하고 있다. 정책이나 사업유형은 달라지겠지만 도시재생이 도시와 농촌, 산촌, 어촌으로까지 확장되고 있는 상황에서 도시재생은 더욱 확대되고, 머지 않아 본받을만한 성공사례들도 많이 나올 것으로 보인다. 아직은 서울시도 도시재생 거버넌스 전반적인 수준이나 주민역량과 참여 수준, 민간자본의 참여, 효과적인 사업설계 등 부족한 것도 많지만 점차 나아지면서 공동체가 살아있는 활력있는 도시, 인간친화적이고 포용적인 도시, 지속가능한 도시로 나아갈 것으로 확신한다.

도시재생에는 왕도가 없다. 동네와 지역의 사정에 따라서 다른 길을 걸을 수밖에 없다. 먼저 걷는 이 길은 다음 사람을 위한 길이 될 것이라는 점에서 혁신으로 시작한 서울시 도시재생이 다시 혁신하여 미래의 가치와 중심을 확고하게 갖추면서도 지금 시대가 요구하는 도시재생으로 나아가기를 기대한다.

전시성 토건사업 대신 미래 신산업 분야의 벤처기업 육성

서울의 먹거리와 일자리를 찾아서

박원순 서울시장이 취임한 2011년은 2008년 금융위기 이후 세계 경제가 장기 저성장을 의미하는 뉴노멀(New Normal)에 진입해 별다른 성장 모멘텀을 찾기 어려운 상황이었다. 대중소기업 간 양극화는 심화됐고 청년 취업문은 좁아져 갔다. 실업률이 증가하면서 일자리를 잃은 중장년층은 자영업 창업으로 몰려들어 과밀 경쟁 시장에 내몰렸다. 여기에 기업형 슈퍼마켓의 무분별한 확장으로 인해 골목상권은 죽고 소상공인과 자영업자의 생존권을 위협했다. 또한 충무로와 을지로, 구로와 성수동 등 서울 도심 제조업도 밀려드는 중국산 제품으로 인해 경쟁력을 잃고 공동화(空洞化)되고 있었다.

'아름다운 가게'를 설립하고 성공시킨 한국 최초의 사회적 기업가 박원순이 서울시장으로서 활력 잃은 서울 경제를 살리기 위해 제시한 해법은 전시성 토건 사업 대신 신산업 분야의 벤처기업 육성과 지속 가능한 일자리를 만드는 데 투자하는 것이었다. 서울시내 대학과 협력해 서울크리에이티브랩과 같은 신산업 분야 새로운 직업 교육 기관을 설립했고 캠퍼스 CEO 육성 같은 창조적 기업가 양성 프로그램을 개설했다. 또한 세대별로 맞춤형 창업 지원 프로그램을 제공하기 위해 미디어콘텐츠와 소프트웨어 분야의 청년 창업 지원센터를 서울시 곳곳에 설립했으며 은퇴자를 포함한 장년층의 시니어창업 지원을 위한 장년창업센터를 설립했다.

박원순 서울시장은 서울의 제조업을 살리고 글로벌 경쟁력을 갖춘 중소기업을 육성하는 데에도 많은 노력을 기울였다. 강한 중소기업이 우리 경제 버팀목이면서 좋은 일자리를 지속적으로 제공할 수 있다고 믿었기 때문이다. 박원순 서울시장의 서울시는 대기업과 중소기업의 공정한 거래질서 확립을 위해 대기업의 기술탈취를 방지하기 위한 사업을 벌였으며 대기업과 중소기업 간 상생 협력 활동에 대한 지원을 확대했다. 이를 통해 중소기업이 견실하게 성장할 수 있는 여건을 조성하려고 노력했다. 또한 글로벌 경쟁력을 갖춘 중소기업을 육성함으로써 양질의 일자리를 만들기 위해 중소기업의 연구개발과 산학협력을 지원하는 사업도 추진했다.

특히 쇠락해 가는 서울 도심 제조업을 살리기 위한 제조업 르네상스 프로젝트는 도시재생 사업과 연계해 추진됐다. 세운상가 내에 IT 제조업체 작업 및 영업 환경을 개선하는 다시세운 프로젝트, 동대문 패션 중소 제조업체 디자인과 마케팅 지원을 위해 동대문 디자인 플라자(DDP) 프로젝트가 추진됐으며 강북봉제지원센터를 설립해 봉제업체를 위한 기능인력 양성과 봉제업체 작업환경 개선을 지원했다. 이밖에 충무로를 중심으로 한 인쇄 제조업체, 종로구의 보석 가공업체, 성수동의 수제화 제조업체, 영등

포 일대의 기계 및 금속 제조업체 경쟁력을 높이기 위한 도시재생 프로젝트도 추진됐다.

서울의 권역별 균형발전과 새로운 일자리 창출을 위해 주요 거점별로 신산업 클러스터를 조성하는 사업이 추진되었다. 구로 디지털 산업단지를 IoT를 비롯한 4차 산업혁명의 핵심 제품과 서비스를 생산하는 벤처기업의 요람으로 키우는 G밸리 飛上(비상) 프로젝트와 상암DMC를 거점으로 한 디지털 컨텐츠 산업클러스터 조성 사업이 추진됐다. 강남 개포동과 양재동에 각각 모바일 앱과 인공지능 벤처를 위한 연구개발 지원 시설을 설치해 신산업 클러스터로 육성하기도 했다. 강북에서는 한국과학기술연구원(KIST) 인근에 바이오 기술을 활용한 의료와 헬스케어 분야 벤처기업 지원 시설을 건립해 국제적인 바이오 클러스터로 육성하는 사업을 진행했다. 새롭게 개발된 서남권의 마곡단지에서는 스마트시티 테스트베드를 설치해 관련 대기업 연구개발 센터와 기술 벤처를 유치했다.

기업가 양성과 신산업 벤처 육성과 더불어 경제 활력 제고를 위해 박원순 서울시장이 애써 노력한 분야는 청년층과 장년층 실업자에게 일자리를 제공하는 문제였다. 우선 공공 및 서비스 분야 일자리를 확대하기 위한 정책이 마련됐다. 공공 부분의 청년 의무 고용제를 도입했으며 사회적 기업과 마을 기업을 육성하기 위해 이들 기업에 대한 다양한 지원 프로그램을 시행했다. 서울시 산하 공공기관에 1-2년간 취업해 경력도 쌓고 취업교육도 받을 수 있는 '서울형 뉴딜일자리' 사업이 청년층을 대상으로 시행됐으며 취약계층에 대한 사회적 일자리도 확대 제공됐다. 또한 민간 기업의 일자리 확대를 위한 지원도 2011년부터 본격적으로 추진됐다. 구로 G밸리와 인쇄·의류 및 봉제·귀금속·기계 등 4대 도시형 제조업을 대상으로 민간기업 고용 촉진을 위한 고용 보조금 및 취업 장려금 지원 사업이 시행됐다.

글로벌 Top 5 창업도시 목표로 창업 생태계 구축

2014년 서울 동북지역 벤처 창업을 활성화하기 위해 공릉동 서울북부 지방법원 부지에 설립한 서울 창업디딤터 개소식에서 박원순 서울시장에게 향후 서울의 창업 정책 방향을 논의하는 자리가 있었다. 당시 서울시와 산하 자치구가 운영하는 창업 보육시설은 60여 곳에 이르렀고 서울시내 여러 곳에 분산돼 있었지만 대부분 규모가 영세하고 제대로 된 창업 보육이나 지원 서비스를 제공하지 못했다. 여기에서 박원순 서울시장에게 글로벌 수준의 창업 생태계를 구축하기 위해서는 창업 지원 시설을 거점별로 대형화하고 각 시설별로 업종을 전문화해 실질적인 창업 지원 서비스가 제공되도록 해야 한다고 건의되었다. 또한 서울 전역에 있는 창업지원 시설 간 연계와 협력을 통해 창업 기업가에 대한 정보를 공유하고, 교육·컨설팅·투자유치 지원이 공동으로 수행되도록 해야 한다는 이야기가 나왔을 때 박원순 서울시장은 이를 열심히 메모했고 이후 서울시는 창업 정책 주요 추진 방향으로 대형화와 전문화, 연계와 협력으로 설정해 추진하는 기반이 되었다.

이후 서울을 글로벌 Top 5 수준의 창업도시로 만들기 위해 창업 보육시설을 전문화하고 대형화하는 프로젝트가 권역별로 추진됐다. 그 중에서도 마포에 들어선 서울창업허브는 종합적인 창업 지원과 더불어 서울시내 50여곳의 창업 지원 시설을 연계하는 허브 역할을 수행하기 위해 설립됐다. 3년여 준비 기간을 거쳐 2017년 6월 옛 산업인력공단 건물에 조성한 서울창업허브에는 100여개 창업벤처 기업이 입주했다. 입주 기업에게는 저렴한 임대료 혜택과 더불어 다양한 세미나와 교육 프로그램을 제공한다. 또한 투자자나 해외 진출 파트너를 만날 수 있는 기회도 제공한다. 창업 허브는 입주기업에 대한 서비스 제공 뿐만 아니라 서울시 산하 44개 창업 지

서울창업허브가 선도적인 역할을 하는 중에 중앙정부와 민간 금융 기관의 창업 지원 시설이 마포에 추가적으로 조성되면서 공덕동 일대는 4차 산업혁명을 주도하는 스타트업이 대거 밀집한 국제적인 창업 클러스터로 발전하고 있다. © 서울시

원 시설에 입주한 창업기업과 각 지원 시설 매니저에 대해서도 창업 지원 서비스를 제공하고 있다. 서울창업허브는 누구나 와서 일할 수 있는 코워킹(co-working) 공간도 제공하는데 예비창업자나 1인 창업자도 자유롭게 사용할 수 있다. 내부에 컴퓨터 수치 제어 장치(CNC, Computerized Numerical Central)와 3D프린터를 갖춘 제품화지원센터가 있고 회의실·식당 등 편의 공간도 갖췄다.

옛 신용보증기금 본사 건물에 들어선 프론트원은 지하 5층~지상 20층 빌딩에 최대 120개 스타트업을 수용할 수 있다. 마포 프론트원을 운영하는 은행권청년창업재단(디캠프) 외에도 한국산업은행·신한은행·신용보증기금 등에서 육성하는 스타트업이 입주할 수 있다. 2017년 IBK기업은행이 기업은행 마포지점에 조성한 IBK창공 마포는 스타트업 육성 공간으로 입주기업은 피큐레잇·쓰리제이 등 15곳이다.

공덕에 대규모 스타트업타운이 조성되면서 홍대 합정과 연결된 마포 일대가 신생 기업이 밀집한 글로벌 혁신벤처 클러스터로 성장할 것으로 예상된다. 서울시가 공덕역 인근 경찰공제회 건물에 블록체인지원센터를 추가로 설립해 블록체인 관련 스타트업 총 35곳을 입주시켜 지원하고 있다. 인근 여의도에서는 서울시가 14개국 100여개 스타업과 혁신가 1,000명을 입주시키는 것을 목표로 서울핀테크랩을 운영 중이다. 공덕 주변에는 연세대·서강대·이화여대·홍익대·숙명여대 등 많은 대학이 위치해 젊고 혁신적인 인력 공급도 원활하다.

창업가에게 매력적인 도시로 세계가 인정

박원순 서울시장은 선진 기술을 모방해 발전한 우리 제조업의 국제 경쟁력 저하와 중소기업 쇠퇴를 극복하기 위해서는 신기술과 신산업 분야 벤처기업을 육성해야 한다고 봤다. 서울시 창업 생태계 조성 사업은 박원순 서울시장의 비전이 있었기에 가능했다. 그는 평소 "미래 경제는 혁신에 기반한 기술스타트업에 달려있다. 인공지능·핀테크·바이오의료 등 미래 먹거리 산업을 육성하고 인재를 키우기 위해 지속적으로 투자하고 경제 활력을 회복하기 위한 승부처로 유망 스타트업 성장을 지원하는데 집중해야 한다"고 말했다.

글로벌 창업생태계 분석기관인 스타트업 지놈(Startup Genome)은 2020년 6월 발표한 글로벌 창업생태계 순위에서 서울을 Top 20위로 평가했다. 100여개 국가의 270개 도시를 대상으로 한 평가에서 서울이 실리콘밸리·뉴욕·런던·베이징·보스턴 등과 더불어 고성장 스타업이 활발하게 활동하는 국제적인 도시로 인정받은 것이다. 동 기관은 서울의 창업생태계가 갖는 경제적 가치(Ecosystem Value)가 47조에 달하는 것으로 평가했다. 또한 서울시는 인공지능(AI)·핀테크·생명과학 분야에 대한 기술개발 지원과 더불어 1조2천억 원 규모의 혁신성장 펀드를 조성해 창업 벤처에 성장 단계별로 투자를 해주고 있기에 '창업가에게 매력적인 도시' 라고 소개 됐다.

박원순 서울시장은 재임 중 창업 지원 시설을 지속적으로 확충했으며 권역별로 전문화된 지원 체계를 구축했다. 창업 지원 시설은 총면적 20만 ㎡로 총 1,000개 이상의 창업기업이 입주할 수 있다. 양재에는 AI 스타트 업, 홍릉에는 바이오의료 스타트업이 들어섰고 성수동에는 소셜벤처 집적 지가 생겼으며 여의도 핀테크, 마포 블록체인과 더불어 서울의 혁신성장 을 이끌고 있다. 더불어 서울시내 34개 대학가에 청년 주거와 창업을 동시 에 지원하는 캠퍼스 타운이 조성돼 600개 팀 창업가 2,000여 명이 서울의 미래 먹거리를 찾고 있다. 창업벤처에 투자하는 서울시 혁신성장 펀드는 모두 38개로 총 1조5천억원을 조성했으며 340개 기업에 총 3,700억 원 을 투자했다.

쇠락하는 도심 제조업을 살리기 위한 제조업 르네상스 정책도 많은 성 과를 거두었다. 봉제·인쇄·주얼리·기계금속 등 도심에 집적한 업종별 로 제조공정을 자동화·지능화하는 스마트팩토리와 같은 스마트앵커 시 설을 중랑·성동·중구·마포 등 6개 지역에 구축했다. 스마트앵커는 도 심 제조업체가 협업을 통해 디자인·제조·유통 및 마케팅 분야가 혁신할 수 있도록 지원한다. 동대문을 중심으로 한 패션 업체를 지원하는 서울패 션허브가 DDP에 설립되어 패션 업체의 스마트팩토리 구축과 디자인 혁 신, 패션분야 창업벤처를 지원한다.

박원순 서울시장의 서울시는 창업벤처 생태계 조성과 중소기업 기술혁 신 지원 쪽으로는 중앙 정부도 시도하지 못한 창의적이고 혁신적인 정책 을 여러개 추진했다. 대표적인 박원순표 혁신 정책 중 하나가 '서울글로벌

챌린지'다. 이 프로그램은 세계 각지의 혁신 기업가에게 미세먼지와 같은 서울의 도시 문제를 제시하고 우수한 기술적 해결책을 제시한 기업가를 선정해 시상한다. 또한 수상한 제품이나 기술은 서울시와 산하 기관에서 구매함으로써 시장 진출을 지원한다. 이 프로그램을 통해 서울은 전 세계 혁신 기술의 테스트베드가 됐다. 이 밖에도 서울은 혁신 기술에 대한 공공 테스트베드를 제공하고 기술개발에 성공한 제품의 공공 구매를 확대했다. 혁신 제품에 대한 공공 구매 확대 정책은 최근 중앙 정부가 '혁신조달'이라 는 이름으로 채택해 전국으로 확대했다.

글로벌창업클러스터를 서울에 세우는 그의 꿈

슘페터 학파이면서 대표적인 진보 경제학자 중 한명인 마추카토 교수는 기술개발과 혁신 과정에서 정부가 민간 기업의 투자를 보조하는 소극적 역할에서 벗어나 선도적인 투자자로서 더욱 적극적인 역할을 해야 한다고 주장한다. 그녀는 민간 기업의 경우 위험도 높은 기술혁신에 대한 투자를 회피하고 혁신 성과물을 사회에 환원하려하지 않기 때문에 민간 주도로는 경제적 불평등을 완화하는 혁신 성장을 이룰 수 없다고 주장한다. 한 국가 가 혁신 성장을 통해 대기업과 중소기업 간 양극화를 해소하고 새로운 일 자리를 만들기 위해서는 정부가 신산업과 벤처기업에 대한 더욱 적극적이 고 주도적인 투자를 해야 한다고 강조한다. 마추카토 교수 주장에 따르면 민간의 모험자본이 투자를 회피하는 고위험 기술개발과 첨단 기술 분야 벤처기업에 대해서는 정부 주도의 공공벤처 캐피탈을 조성해 투자할 필요 가 있다는 것이다.

박원순 서울시장도 이러한 주장을 받아들여 첨단 기술 벤처와 더불어 사회문제를 해결하려는 소셜벤처에 투자를 확대하고 싶어 했다. 그러나 전임 시장 시절 증가한 서울시 부채로 인해 4차 산업혁명과 혁신 성장에 투자할 예산을 충분히 확보하지 못했다. 특히 대부분의 조세수입이 중앙 정부로 귀속되는 상황에서 서울시 재정구조 상 중소벤처 기업 지원 예산을 확보하는데 한계가 있었다. 박원순 서울시장은 늘 이런 점을 안타까워 했다.

박원순 서울시장은 서울을 중심으로 세계적인 혁신 기업가를 육성하고 창업벤처의 요람이 되는 꿈을 꾸었다. 2020년 초에 라스베이거스에서 열린 세계가전박람회(CES)에서 에릭 슈미트 구글 전 회장과 존 헤네시 알파벳 이사회 의장을 만나 서울에 글로벌 창업벤처 클러스터를 조성하는 방안을 논의했다. 박원순 서울시장은 인공지능과 빅데이터, 자율주행 등 스마트시티 핵심 기술을 개발하는 전세계 기술 벤처와 투자회사인 벤처캐피탈을 마곡지구 등 서울의 혁신성장 거점에 유치할 계획이었다.

박원순 서울시장이 재임 기간 동안 계획하고 추진했던 신산업과 창업벤처 육성 정책 중 일부는 문재인 정부 출범과 더불어 중앙정부 중소벤처기업부에 의해 전국으로 확대돼 추진 중이다. 중소 제조업의 디지털 전환과 생산성 향상을 위한 스마트팩토리 지원 사업을 전국 3만 개 중소기업을 대상으로 지원한다. 또한 정부가 주도해 스마트대한민국펀드를 조성해 4차 산업혁명 분야 창업벤처 기업에 투자를 확대했다. 창업 기업을 위해 일과 삶과 휴식 공간을 한 곳에서 제공하는 한국형 실리콘밸리인 '혁신창업 거점'을 송도 · 천안 · 대전 · 광주 등 전국에 조성하고 있다.

코로나 팬데믹과 더불어 4차 산업혁명은 더욱 가속될 것이며 그에 따른 산업구조 재편, 대중소기업 양극화 및 일자리 감소는 앞으로 한국 경제가 해결해야 할 중대한 도전 과제다. 전통 제조업을 비롯한 기존 산업에 속한 중소기업 경쟁력은 크게 약화될 것이다. 4차 산업혁명으로 인한 기술 발전은 대기업과 중소기업 간 경쟁력 차이를 심화시키면서 일자리를 줄일 것이다. 바이오 헬스, 인공지능과 빅데이터, 그린 에너지 등 신산업 분야에서 창업을 활성화하고 벤처기업을 성장시켜 일자리를 만들어내는 것은 앞으로도 매우 중요한 과제다. 정부는 창업벤처에 대한 선도적인 투자를 확대해야 하며 민간의 유동 자금이 창업과 벤처에 투자될 수 있도록 자본 시장을 개혁해야 한다. 전 세계 혁신 기업가가 대한민국, 서울에 모일 수 있도록 주거와 비즈니스 환경을 조성해야 한다.

문화가 넘치고 예술인의 창작환경이 좋아진 서울

매력적인 문화 서울 만들기

'문화로 매력적인 서울 만들기', '시민들의 문화적 권리를 보장하기', '예술인들의 창작과 생활환경을 개선하기', '삶의 모든 과정으로 문화정책의 영역을 확대하기'.

박원순 서울시장과 함께했던 서울시 문화정책은 이 네 가지로 요약할 수 있다. 인구 일 천만의 거대도시 서울은 이전에도 이미 문화가 매력적인 도시였다. 케이팝·드라마·영화·만화·웹툰·디자인 등 서울시에 집중된 문화콘텐츠 위상은 전 세계 어느 도시와 비교해도 손색이 없다. 박원순 서울시장 재임시절은 이미 매력적인 서울의 문화적 모습을 더 매력적으로 만들기 위해 노력했던 시간이다. 특히 서울의 문화적 매력이 오래 지속될 수 있도록 토대를 탄탄하게 만들려했던 것이 박원순 서울시장의 '문화시민

116

도시 서울'이었다.

　더 매력적인 문화서울을 만들기 위한 대표적인 사례들이 '박물관도시 서울', '글로벌음악도시 서울' 플랜이다. 박물관 프로젝트는 다양하고 특색 있는 박물관·미술관 건립을 통해 시민에게 문화 향유기회를 제공하였으며 문화 소외지역에 박물관·미술관을 건립했다. 서울시는 균형 있는 발전을 도모하기 위해 박원순 서울시장 재임기간에 다양한 형태의 박물관을 건립했으며, 일부 박물관은 지금도 건립 중에 있다. 2020년 6월 현재 '서울생활사박물관', '서울우리소리박물관' 등 5개 시설이 문을 열었고 2023년까지 공예·사진·한식·로봇 등 9개 박물관이 추가로 건립될 예정이다. 또한 '글로벌 음악도시 서울플랜'은 민선7기 서울시 핵심문화정책 사업이다. 이 플랜의 구체적인 사업으로는 도봉구 창동에 국내 최초 케이팝 전문공연장인 서울아레나 건립 및 대중음악 명예의 전당 건립, 대중음악 명예의 전당, 대중음악 비즈니스 스쿨을 설립하는 것과 서울시향 전용콘서트홀 및 국악센터를 건립, 서울의 매력적인 음악장소 50곳 선정, 서울시민들의 음악 향유 프로그램 활성화가 있다.

　박원순 서울시장 체제는 시민들의 문화 권리에도 큰 관심을 가졌다. 이를 위해 2016년 12월 시민의 문화적 권리를 담은 '서울시민문화권 선언'이 발표되었다. 시민들의 문화향유 권리를 증진시키기 위해 시민 오케스트라 지원을 포함한 생활문화예술의 확대, 청소년 예술교육 활성화, 마을미디어 사업 확대 등이 추진되었다.

　박원순 서울시장과 함께했던 문화정책은 서울시민들의 문화권리 뿐 아니라 현장 예술인들의 창작 활성화와 생활환경을 개선하기 위해 많은 노

2016년 12월 '서울시민의 문화권 선언' 행사장 장면   ⓒ 서울시

력을 기울였다. 2016년 예술인희망 플랜을 수립해 예술인의 창작지원을
늘리고, 예술인을 위한 공공임대주택 보급, 예술청 건립, 예술인 고용보험
지원 등을 이끌어 냈다.

마지막으로 서울시의 문화정책은 좁은 의미의 문화정책에서 벗어나 체
육, 공공디자인, 관광, 생활문화 등 문화가 일상 모든 과정에 중요한 가치
로 여겨질 수 있는 사업을 구체화하였다. 예컨대 문화적 도시재생과 문화
영향평가제도 도입, 생활체육과 공공디자인 확대 등의 사업이 구체적인
사례다.

박원순 서울시장의 재임기간에 세웠던 문화계획을 기반으로 한 구체적

2018년 6월 5일 한남동 블루스퀘어에서 열린 민선7기 박원순 후보 문화예술인과의 간담
회 〈ing〉 장면
© 서울시

인 사업은 현재 진행형이다. 재임 기간에 세웠던 중요한 문화계획도 오랜
기간이 걸려 완성되는 것들이어서 지금도 유효하고, 계속 추진해야 하는
사업들이다. 이제 박원순 서울시장 재임 기간에 수립했던 서울시 문화정
책의 세 가지 플랜을 소개하면서 이 계획의 목표와 비전이 갖는 미완성 프
로젝트의 의미를 다시 생각하고자 한다.

서울시 문화정책 3대 플랜 첫 번째 : 〈비전 2030, 문화시민도시 서울〉

'비전 2030, 문화시민도시 서울'은 박원순 서울시장이 시민들과 함께 하
고자 했던 문화정책의 가장 큰 그림을 담고 있다. 이 계획은 박원순 서울시
장이 보궐선거로 당선된 이후부터 오랫동안 문화예술계 전문가들이 숙의
민주주의와 공론장을 통해 완성한 것으로 2016년 7월 공식발표 되었다.

이 플랜이 기존의 문화계획과 차별적인 것은 시 행정조직인 문화 본부 차원에서 다루는 문화와 예술의 영역을 넘어서 도시 안에서 문화의 가치를 확산할 수 있는 폭 넓은 시각을 품고 있다는 점이다. '비전 2030, 문화시민도시 서울'은 '시민이 행복한 삶', '삶을 위한 문화발전'이라는 두 개의 큰 방향 아래 5개 영역(▲개인 ▲공동체 ▲지역 ▲도시 ▲행정)을 구분하여 문화를 매개로 도시와 시민의 창의성을 높이는 10대 목표를 담고 있다. 문화시민도시가 꿈꾸는 미래상과 목표를 표로 정리하면 다음과 같다.

[표1] 문화시민도시의 미래상과 목표

구분	미래상	목표
개인	모든 시민의 문화적 권리가 보장되는 문화주권도시	선언적 권리에서 실질적 권리로
		시민을 객석에서 무대로
공동체	다양한 문화가 서로 공존하는 문화공생도시	함께 즐기는 공동체에서 함께 나누는 공동체로
		배타적 공동체에서 포용적 공동체로
지역	모든 지역이 문화로 되살아나는 문화재생도시	지역을 살아있는 생활문화공간으로
		문화를 지우는 재생에서 문화를 담는 재생으로
도시	문화가 성장과 일자리의 기반이 되는 문화창조도시	역사를 보존하는 도시에서 역사를 존중하는 도시로
		우리나라 창조경제 허브에서 세계의 허브로
		창의인재와 예술인이 모이는 도시로
행정	시민과 전문가가 함께 만드는 문화협치도시	문화정책을 관주도에서 민관 조정과 협치로

문화시민도시의 주요 아젠다는 넓은 의미의 문화정책 목표를 지향하고 장기간 지속해야 제대로 실현할 수 있는 것들이다. 지속적인 아젠다 점검과 실천을 위해 조례를 만들고 '문화시민도시 정책위원회'를 구성하여 문

화시민도시2030의 아젠다가 제대로 실현되는지를 점검하고 있다.

서울예술인 희망플랜은 예술인을 위한 장기 지원 플랜이다. 1년 이상 연구와 회의를 통해서 2016년 8월에 완성된 서울예술인 희망플랜은 가난한 예술인이 돈이 없어 창작활동을 포기하지 않도록 지원하는 것을 목표로 한다. 현재 서울에 거주하는 예술인은 총 5만여 명으로 전국 예술인의

[표 2] 서울예술인 희망플랜(HOPES)

5개 과제	주요 과제
주거안정 【Housing】	• 예술인 주거안정 : 임대주택 대상 내 예술인 포함, 빈집, 협동조합 주택 등 Social Housing을 통한 예술가 거주문제 해결
일자리와 새로운 기회제공 【Opportunity】	• 공공분야 및 기관 내에서 추진하는 다양한 (문화)사업 내 예술가 일자리 제공 • 사회예술교육 등 공공분야 예술사업 확대 • 예술인 창업을 촉진하는 Start-Up 정책 수행 • 예술인에게 새로운 기회를 주는 직업박람회 및 '청년예술가 희망캠프' 개최
예술활동을 촉진하는 환경과 시스템 【Promotion】	• 청년예술가를 위한 '생애 첫 예술활동 지원제도'운영 (청년)예술가 및 작품의 유통을 위한 유통시장 조성 • 예술가의 창작활동 집중을 돕는 창작비용(artist fee)제 운영 • 다양한 유형의 창작공간 조성 및 예술가가 운영하는 작업공간 운영 지원
긴급구호 【Emergency】	• 위기의 예술가를 위한 긴급구호자금 운영 • 예술활동 밀집지역 내 예술인 숙소 건립 · 운영 • 예술가부당노동행위 모니터링 운영(공공노무사, 로스쿨 등과 결합한 예술가 노동환경 모니터링) • 다양한 유형의 컨설팅 제공
지속가능한 예술인 활동을 위한 사회지원 시스템 구축 【Substantiality】	• 각 분야 예술지원 퍼실리테이터 시스템 구축운영 : 공공예술노무사, 변호사 등을 활용한 법률서비스, 예술병원을 활용한 치료서비스 제공 등) • 예술의 사회적 가치 확대를 통한 예술후원 시스템 구축

38%를 차지할 정도로 많다. 서울에 거주하는 예술인은 다른 광역도시나 기초 지자체에 비해 지원프로그램이 많은 편이지만 상대적으로 경쟁률이 높고 생활비가 비싸 대부분 열악한 생활환경에서 생활한다. 서울시는 이러한 예술인의 어려움을 해결하고자 5대 영역을 나누어 구체적이고 종합적인 지원 계획을 세웠다.

최근 코로나19 펜데믹 상황에서 예술인의 창작 위기와 생활 위기가 함께 고조되고 있다. 서울시는 2차 서울예술인 플랜을 세워 2025년까지 코로나19 환경에 대응할 수 있는 지원정책을 준비할 예정이다.

서울시 문화정책 3대 플랜 세 번째 : 〈서울시민문화권 선언〉

서울시 문화정책 플랜에서 빼 놓을 수 없는 것이 바로 서울시민문화권 선언이다. 서울시는 2016년 12월 서울도서관에서 발표한 선언문을 통해 "시민이 문화의 주인이자 권리의 주체"라는 점을 강조했으며 '문화권'에 대한 서울시민의 권리와 시의 의무를 명시했다.

이 선언문은 국내에서 최초로 지방자치단체가 시민의 문화적 권리를 명문화했다는 점에서 소중한 의미가 있다. 세계적으로도 시민의 문화적 권리를 선언문을 통해 공표한 경우는 바르셀로나시 말고는 없을 정도로 드문 사례다. 선언문은 시민을 단순 관람자에서 창작활동을 즐기는 생활예술인이 되도록 예술인과 시민이 함께 사용하는 공유형 작업공간과 악기은행 등 문화공유 기반을 강화한다는 내용을 담고 있다. 또한 예술인 일자리를 늘리고 예술인을 위한 공공임대주택을 대폭 늘리는 등 예술인의 안정된 생활을 돕는 것을 명문화했다. 지역 간 문화 격차를 없애기 위해 플랫폼 창동61과 서울로7017과 같은 지역 거점 시설을 확충하고 기초문화재단을 지원하며 양도성 세계유산 등재를 비롯해 서울시 곳곳의 역사문화를 보존하고 2천년 역사도시 서울의 정체성을 확립하는 내용을 포함했다. 서울시민문화권 선언의 주요내용을 정리하면 다음과 같다.

[표3] 서울시민문화권 선언 구성

구분	주요 조항
전문	시민은 문화의 주인이자 권리의 주체입니다. 문화를 누리는 동시에 창조해 내는 존재를 명시
1장 서울시민문화권	문화를 향유할 권리/문화에 접근할 권리 문화에 관한 교육을 받을 권리/문화에 관한 표현의 자유
2장 서울의 문화환경	서울의 문화다양성/서울의 문화경관 서울의 문화자원/서울의 문화공동체 서울의 문화역량
3장 문화권을 위한 협치	문화협치의 가치/문화정책수립에의 참여 문화정책 집행에의 참여/평가와 의견수렴 문화권을 위한 시민의 의무/공동체 문화를 위한 시민의 의무 문화권의 보장을 위한 서울시의 의무/문화권 원탁회의

서울시 시민문화권 선언 내용을 벤치마킹하는 지방자치단체도 생겨났다. 특히 경기도는 서울시민문화권 선언을 참고하여 2021년부터 '경기도 문화자치위원회'를 조직하고 해당 내용을 조례로 담는 작업을 진행 중이다.

남겨진 과제들

박원순 서울시장 재임 기간 동안 서울시 문화정책은 다양한 사업을 수행하는 동시에 문화도시 서울 100년 대계의 초석을 다지는 거시적인 가치와 비전도 제시했다. 앞서 설명한 서울시 문화정책 3대 플랜이 대표적이다. 물론 이러한 계획이 모두 다 현실화한 것은 아니다. 여전히 계획안에 담겨진 깨알 같은 세부 사업들이 실현되지 못한 경우도 허다하다. 박원순 서울시장의 유고로 재임기간에 시민에게 약속했던 문화와 예술, 체육과

박원순 시장이 2018년 6월 제1회 DMZ 피스트레인 뮤직페스티벌에 참여하여 평화의 열차를 타고 연설하는 장면　　　　　　　　　　　　　　　© 서울시

관광과 관련된 사업이 지속되지 못할 수도 있다. 그러나 적어도 문화 관련 공약과 세부사업이 서울시민의 문화적 행복 추구를 위해 존재하는 한 계속되어야 한다. 그 철학과 가치, 비전을 계승하는 노력도 필요하다. 그런 점에서 박원순 서울시장이 시민들과 함께 일궈 온 서울시 문화정책의 지속가능성을 위해 몇 가지 남은 과제들을 언급하고자 한다.

첫째, 문화정책이 서울시민의 문화향유, 예술교육의 활성화뿐만 아니라 도시공간의 디자인, 커뮤니티에 활력을 주고 서울의 문화자원이 경쟁력을 갖출 수 있도록 통합적이고 융합적인 넓은 의미의 문화정책으로 펼쳐져야 한다.

둘째, 문화정책이 더 성숙하고 공감을 얻을 수 있도록 일반 서울시민과 예술인, 그리고 문화예술 분야 전문가와 항상 소통하는 협치 정신이 살아서 작동해야 한다. 시민 없는 시민문화, 예술인 없는 예술지원정책, 문화

없는 도시재생 사업이 일어나지 않도록 협치 정신이 이어져야 한다.

셋째, 서울시 문화정책이 서울 안에서만 끝나지 않고 다른 광역과 기초 지방자치단체, 나아가 국가의 문화정책과 연계될 수 있도록 협력할 수 있는 조직과 네트워크가 필요하다. 적어도 서울, 경기, 인천 등 수도권 지방자치단체라도 문화정책 활성화를 위한 상호간 협력 방안을 구축해야 한다.

마지막으로 박원순 서울시장이 못다 이룬 문화시민도시 서울의 꿈을 실현하기 위해 주요 사업이 중단 없이 지속되어야 한다. 그동안 함께 공약과 정책 사업을 만들어 온 문화예술 분야의 전문가들이 지속적으로 서울시의 문화정책 발전에 함께 기여해야 한다.

제3장

더불어
행복한
—
서울

'서울케어'로 영유아 · 초등학생 · 성인 · 노인 돌봄 체계 구축

돌봄과 사람 중심의 서울시정

민선 5기 보궐선거를 통해 시장이 된 박원순 서울시장은 민선 7기까지 서울시정을 주도하면서 '사람 중심' 서울을 시정 운영의 주요 화두로 제시했다. 과거와 같은 토건 중심 행정이 아니라 시민 생활을 책임지는 지방정부로서의 서울시 역할을 표명한 것이었다. 그 가운데 중요한 하나가 사회적 돌봄과 관련된 부분이다. 돌봄 문제는 개인과 가족이라는 사적 영역에만 맡겨 둘 수 없고 사회적 돌봄으로 전환시켜 사회적 책임성을 높여야 한다. 이제는 정책적으로도 많이 공유된 상식이기도 하다. 하지만 사회적 돌봄은 우리나라에서는 아직도 대단히 취약한 분야다. 이와 관련하여 지난 10년 간 서울시는 매우 주목할 만한 정책적 노력을 기울여 왔다.

서울시민복지기준, 선진국 수준의 돌봄 서비스 기준 제시

박원순 서울시장은 당선 이듬해부터 서울시민복지기준 설정 작업에 돌입했다. 2012년 10월 발표된 서울시민복지기준은 5대 분야 중 돌봄분야가 중요한 한 위치를 차지한다. 돌봄분야 시민복지기준은 최저기준으로 "돌봄이 필요한 영유아·아동·노인·장애인 등의 가구원이 있는 서울시민은 현행 법규에 규정된 표준적 돌봄 서비스를 공공의 책임 하에 가구소득 10% 이내의 지출로 이용할 수 있도록 하여 경제적 부담으로 돌봄을 포기하거나 생업에 지장을 받지 않도록 한다"고 규정하였다. 적정기준은 "서울시민이면 누구나 10분 이내 거리에서 돌봄서비스에 접근할 수 있도록 한다. 또한 제공되는 돌봄서비스 품질을 OECD 평균 수준이 되도록 하며 다양한 가족 돌봄 수요로 충족될 수 있도록 지원한다"고 규정하였다. 최저기준에서는 돌봄이 필요하지만 돌봄을 받지 못하는 시민에게 사회적 지원이 이루어지도록 하겠다는 부분이 강조되었고 적정기준에서는 돌봄 수준이 질적으로 적절한 것이 되도록 품질 문제를 강조하였다.

물론 복지기준은 다소 일반적이고 추상적인 문구로 표현될 수밖에 없다. 하지만 몇 가지 주목할 만한 점이 있다.

첫째, 돌봄의 공공책임성에 대한 강조다. 영유아·아동·장애인·노인혹은 병에 걸리거나 다쳤을 때처럼 사람은 누구나 살아가면서 다른 사람의 돌봄을 필요로 할 때가 있다. 그동안 우리나라는 돌봄 문제를 오롯이 당사자와 가족이 책임져야 하는 것으로 여겼다. 이는 과거의 패러다임이다. 우리나라가 여기서 벗어나지 못하는 동안 세계 최저 출생률, 세계 최고수준 고령화 속도를 나타내면서 돌봄 문제는 이제 우리나라의 지속가능성과 직결되는 문제가 되었다. 이러한 상황에서 서울시는 시민 돌봄문제를 서울시가 책임진다는 공공성을 강조한 것이다.

둘째, 돌봄 비용 문제를 제기하였다. 돌봄 관련 지원제도가 부분적으로 존재하고 있지만 대개의 경우 자부담금이 만만치 않고 또 공공의 돌봄지원 제도가 너무나 빈약하여 돌봄이 제대로 이루어지지 않거나 가족이 과도한 돌봄 부담을 지며 가족 간의 문제로 확대되는 경우도 비일비재하였다. 돌봄에서도 격차가 발생하는 것이 일반적이었다. 이에 시민복지기준에서는 돌봄비용 부담에 상한을 규정하면서 특히 저소득층이 사회적 돌봄을 잘 활용할 수 있도록 하는 원칙을 선언하였다.

셋째, 돌봄서비스 품질을 강조하였다. 돌봄은 대면적인 휴먼서비스에 해당하기 때문에 관계의 질이 중요하다. 돌봄 제공자와 돌봄 대상자 사이의 비율이나 돌봄 제공자의 전문성 등이 사회적 돌봄의 품질을 규정하게 된다. 이에 대해 서울시는 선진국 수준의 돌봄 품질을 서울시 원칙으로 선언하였다.

서울시민복지기준에서 돌봄 책임성 선언은 이후 영역별로 서울시 돌봄 정책에 기본 원칙으로 작동하였다.

오랜 과제인 국공립어린이집 전면확대를 현실로

우리나라에서는 2005년 중장기 보육계획을 통해 '보육공공성 강화'라는 원칙이 명시적으로 등장했다. 국가와 지방자치단체가 보육정책 수립 및 운영 시 지향해야하는 핵심적인 정책 목표 중 하나다. 그러나 실제로 보육의 공공성 강화를 지방정부가 구현하기는 쉽지 않았다.

서울시는 박원순 서울시장 취임과 더불어 다른 지역에서는 경험하지 못한 보육공공성 강화를 이뤄냈다. 박원순 서울시장이 국공립어린이집 비율 확대를 주요한 정책목표로 설정하고 투자를 확대한 결과다.

박원순 서울시장 임기에서 서울시 보육공공성 강화는 보육서비스 공급

주체의 공공성 강화와 보육 비용 측면에서 공공성 강화라는 두 갈래로 추진되었다. 서비스 공급주체의 공공성 강화는 크게 국공립어린이집 비율 확대, 국공립어린이집 운영 질 관리체계 강화, 보육교사 처우 및 역량 강화, 국공립어린이집 공공 직영 모델 수립 등으로 구체화되었다. 보육비용 측면의 공공성 강화는 차액보육료 지원 등 어린이집을 이용하는 부모의 경제적 부담을 경감시키는 것이었다.

2019년 12월 기준으로 서울에서 국공립어린이집을 이용하는 아동 수 비율은 전국의 2배 이상이다. 박원순 서울시장 취임 후 국공립 어린이집 이용 아동 수가 크게 상승했다.

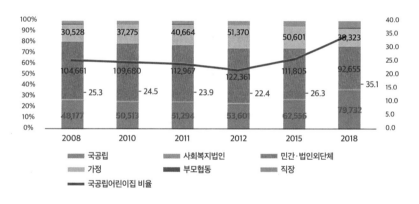

국공립 보육시설의 양적 확충과 아울러 보육서비스 품질 제고를 위해 2015년부터 서울시는 공적 인력지원 체계를 구축하고 운영했다. 국공립 어린이집 원장에게 서울시가 운영하는 공공성 강화 교육과정 이수와 향후 컨설팅 이수를 필수 조건화하였다. 또한 보육서비스지원센터를 통해 국공립어린이집 교사에게 맞춘 경력별·직급별 교육과정을 개발하여 운영하였다. 보육서비스 이용자의 비용 부담 경감을 위해 민간보육서비스를 이

용하는 3-5세 부모의 차액보육료 100% 지원 등 정책을 실시하였다. 서울
시는 현재 전국 어느 지역보다도 높은 보육 공공성과 보육서비스 품질을
나타내고 있다.

키움센터로 초등학생 방과후의 돌봄에 새 장 열어

초등학생 특히 저학년 초등학생을 둔 부모는 영유아 부모보다 사회생활
에서 더 큰 어려움을 겪는 일이 다반사다. 학교의 초등돌봄교실사업이 진
행된다고는 하지만 충분치않기에 초등학생은 사실상 돌봄을 위한 목적으
로도 학원을 전전하기도 하고 학원비용에 부담을 느끼는 경우에는 방치되
는 경우도 많았다. 때문에 중앙정부에서도 '다함께 돌봄센터'와 관련된 내
용을 아동복지법에 규정하기도 하였다. 그러나 서울시는 2018년 7월에 시
작된 민선 7기 시정 계획을 통해 '우리동네 키움센터'라는 이름으로 초등

우리동네키움센터는 종래의 영유아 · 장애인 · 노인 등으로 돌봄 대상을 국한하던 정책 관행
에서 벗어나 실제 서울시민의 돌봄 부담에 민감하게 반응하는 시정철학을 잘 나타내는 사례
라 할 수 있다.
ⓒ 서울시

학생에 대한 온종일돌봄을 책임지는 인프라를 전면적으로 확대하고 충실한 운영모델을 만들어 감으로써 방과후 돌봄사업을 선도해 나가기 시작했다.

이 사업을 위해 서울시는 「서울시 온마을아이돌봄 지원에 관한 조례」를 제정하였고 「서울시 온마을 아이돌봄 체계 구축 기본계획(시장방침 제33호, '19.3.6)」, 「거점형 우리동네키움센터 설치·운영계획('19.4.29)」 등을 적극적으로 추진하였다. 이는 서울시의 아이를 온 마을이 함께 키우는 보편적 초등돌봄 체계를 강화하고 틈새 없는 보편적 돌봄을 만들고자 하는 것이다. 키움센터는 돌봄이 필요한 만 6-12세 아동을 대상으로 지방자치단체장이 설치한 센터에서 안전한 양질의 돌봄을 제공한다. 이는 가정 소득과 무관하게 돌봄이 필요한 초등학생 특히 맞벌이가구라서 돌봄 공백이 우려되는 아동을 우선으로 하는 보편적 돌봄정책이다. 키움센터는 안전하고 접근성 좋은 공공시설 등 지역 내 유휴공간을 리모델링하여 활용하는 방식을 취하고 있다. 규모에 따라 가장 기본적인 방과후 돌봄 역할을 수행하는 일반형, 지역사회의 일차 아동복지기관인 지역아동센터와 함께 운영하는 융합형, 돌봄기능을 확대하여 양질의 문화서비스까지도 제공할 수 있는 거점형으로 구분한다. 특히 융합형과 거점형은 전액 시비를 투자하여 다양한 돌봄욕구에 대응하는 서비스를 제공한다.

2018년부터 키움센터 시범운영이 시작되었으며 서울시에 전담부서가 설치되었다. 2019년부터 본격 추진 단계에 들어가 2021년 3월 현재 25개 자치구에 키움센터 156개소를 운영 중이다. 예산 상황에 따라 다소 어려움을 겪고 있으나 2022년까지 키움센터 400개소를 확충할 계획이 박원순 서울시장을 통해 발표되기도 했다.

지역사회통합돌봄의 선두주자로 발돋움 한 서울돌봄SOS

돌봄SOS는 서울시의 '찾아가는 동주민센터' 사업 성과를 바탕으로 시민의 삶을 지원하는 공공행정의 완성형 격으로 준비되었다. 서울시는 2015년부터 일선 동주민센터에 사회복지전담공무원과 보건분야 공무원을 추가 배치하며 시민들의 생활을 살피고 지원하는 것을 주된 행정 업무로 하는 찾아가는 동주민센터사업을 시행하였기에 돌봄SOS는 생활에 대한 지원을 돌봄 분야에까지 확장하였다는 의미를 부여할 수 있다.

우리나라에는 노인장기요양보험, 장애인활동지원 등 돌봄지원 제도가 있다. 그러나 일반 시민이 이 제도를 적용받기 위해서는 일상생활의 불편함 정도에 대한 등급 심사를 받는데 시간이 걸려 곧장 필요한 지원을 받을 수 없었다. 또 어디에 어떻게 연락해서 절차를 밟아야 하는지도 제도마다 분절되어 있어 알기 어렵고 특히 서비스를 누구에게서 받아야 하는지에 대해 스스로 알아보고 결정해야 하기 때문에 신뢰성 있는 돌봄지원을 받는 것이 쉽지 않았다. 돌봄SOS는 다양한 사유로 발생하는 시민의 돌봄공백과 사각지대에 공공이 책임성과 신뢰성을 가지고 대응을 주도하는 것이다. 시민은 돌봄 관련 모든 문제를 동주민센터에 문의하면 관련 전문가인 돌봄매니저를 통해 가장 적절한 제도나 서비스를 안내 받을 수 있다. 만약 기존 제도나 서비스 체계에 의해 즉각 지원받을 수 없는 사각지대라는 것이 확인되면 동주민센터와 자치구가 자체 예산으로 돌봄지원을 즉각 제공한다.

돌봄SOS를 통해 제공하는 돌봄지원 서비스는 각종 서비스 연계를 위한 정보상담과 아울러 ▲임시적으로 제공하는 재가방문돌봄서비스 ▲긴급한 경우 시설에 입소를 지원해주는 단기시설서비스 ▲몸이 불편한 경우 병원이나 긴급 이동을 지원해주는 동행지원서비스 ▲주거 불편 상황을 개선해주는 주거편의서비스 ▲혼자서 식사해결이 어려운 경우 제공하는 식사지원서비스 ▲일상생활의 위기 상황을 점검하는 안부확인서비스 ▲건강 관련 상황을 점검하는 건강지원서비스 등이 있다. 이와 같은 서비스는 특히 장애인이나 노인 등 거동이 불편하거나 몸이 아픈 시민이 지역사회에서 생활하는데 반드시 필요한 것이다. 그럼에도 그동안에는 몇몇 제도에만 의존해 제도의 사각지대나 정보부족으로 인해 큰 불편함이 있었다. 서울시는 행정기관인 주민센터의 공무원이 이 문제를 책임지도록 하고 이와 같은 정보를 수요자 맞춤형으로 체계적으로 설계하고 즉각 제공하도록 하였다. 이는 시민의 돌봄욕구가 실질적으로 충족될 수 있도록 하는 수요자 맞춤형 돌봄행정이라 할 수 있다.

돌봄SOS가 제대로 기능하기 위해서는 돌봄 필요성을 판단할 수 있는 전문성을 가진 공무원과 필요시 돌봄서비스를 책임지고 제공할 수 있는 서비스 공급인프라가 반드시 준비되어야 한다. 이를 위해 서울시는 동주민센터마다 2인의 전담 공무원을 추가배치하고 있다. 전담조직으로 주민센터의 복지업무 팀에 돌봄SOS센터를 설치하고 자치구 단위에서도 행정조직을 개편하고 있다.

돌봄서비스가 필요하다고 인정되면 즉각적으로 서비스를 제공할 수 있어야 실효성 있는 도움이 가능하다. 이를 위해 자치구별로 기존 민간 서비스 조직, 사회적경제 관련 조직과 함께 지역 단위의 돌봄서비스 제공을 위한 인프라를 조직하고 있다. 특히 서비스 제공 인프라로서 사회서비스원의 역할에 주목할 필요가 있다. 돌봄서비스는 서비스를 제공하는 인력의 상황에 따라 서비스의 품질이 좌우된다. 그런데 그간 영세한 민간업체에 속한 인력들이 역할을 담당하는 경우에 종사자의 처우가 열악하고 보육, 노인장기요양, 장애인활동지원 등 분야에서 서비스의 품질이 낮아지는 경우가 많았다. 이 때문에 공공직영으로 안정적으로 좋은 돌봄 일자리를 제공하여 서비스 품질을 높이기 위해 중앙정부의 정책으로 전국에 걸쳐 사회서비스원을 설립하고 있다. 서울시는 박원순 시장 시기, 전국에서 가장 선도적으로 사회서비스원을 추진하여 설립하였다. 현재도 전국 어느 지역보다도 압도적으로 많은 투자를 실행하고 있다. 특히 서울시 사회서비스원과 여기서 운영하는 종합재가센터가 돌봄서비스를 제공할 공공 조직으로 돌봄SOS의 핵심적 서비스 공급체계로서 역할하고 있다. 물론 이 서비스에 대해 소요되는 예산은 기본적으로 서울시가 부담한다.

공신력 있는 돌봄에 대한 욕구는 소득수준과 무관하게 나타난다. 때문에 서울시 돌봄SOS는 소득을 가리지 않고 서비스를 이용할 기회를 시민에게 제공하고 있다. 다만 중산층 이상의 경우에는 소요 비용을 부담하도록 하여 이용여부를 선택하게 하는 방식을 취하고 있다. 코로나19가 창궐한 이후 시민의 긴급돌봄에 대한 수요가 높아졌고 이 과정에서 서울시의 돌봄SOS는 특히 취약계층의 돌봄공백을 지원하는데 많은 역할을 수행했다. 돌봄SOS는 2019년 5개 자치구에서 출발한 후 2020년 모든 자치구로 확대되고 있다. 2019년 1만 건 이상, 2020년 4만 건 이상 등 2019년과 2020년에 걸쳐 53,611건의 긴급돌봄을 제공하는 성과를 보였고, 시민들로부터 상당한 호응을 받는 사업이 되고 있다.

사회적 돌봄을 선도한 서울시의 정책은 계속되어야

박원순 서울시장이 서울시정을 책임진 이후 민선 5기 서울시민복지기준 설정, 민선 6기 찾아가는동주민센터 등을 통해 사회적 돌봄을 보강하기 위한 노력이 두드러지게 나타났다. 민선 7기 들어서는 '서울케어'라는 브랜드로 영유아 돌봄, 초등학생 돌봄, 성인에 대한 돌봄SOS체계, 건강영역에서의 돌봄지원 등 사회적 돌봄이 시정의 중심을 차지했다.

첫째, 서울시민복지기준에서는 돌봄 분야의 시민기준을 통해 시민이 누려야 할 돌봄서비스 수준을 규정하였다.

둘째, 영유아돌봄 영역에서 특히 보육공공성 강화라는 독보적인 성과를 거두고 있다.

셋째, 초등학생에 대한 공공돌봄은 우리동네 키움센터라는 방식으로 시민의 실질적 돌봄수요에 대응하고 있다.

넷째, 돌봄SOS를 통해 서울시에서는 시민이 동주민센터에 연락하면 공공이 책임지는 돌봄서비스 설계 및 즉각적인 서비스 제공을 책임지고 있다.

다섯째, 사회서비스원을 설립하여 돌봄서비스 종사자의 처우를 개선하고, 공공서비스 제공 인프라 확충의 선도적 역할을 수행하였다.

지난 10여 년 서울시 돌봄정책 성과는 가볍지 않다. 무엇보다도 특정 제도나 행정 입장에서가 아니라 수요자인 시민 관점에서 실질적으로 도움이 되는 사회적 돌봄체계를 구현하는 혁신적 행정을 지향했다. 서울시민이 누리는 사회적 돌봄은 아직까지 다른 지역에서 부러움의 대상이다. 서울시 정책이 전국적인 돌봄정책을 선도하고 있다. 사회적 돌봄을 확충하는 과정은 기존 행정관행을 넘어서는 혁신적 요소가 많고 지방정부로서는 예산과 자원 부족으로 쉽지 않았다. 이 과정에서 박원순 서울시장의 결단과 추진력이 정책추진의 결정적 동력이 되었다.

시민은 누구나 돌봄을 받기도 하고 돌봄을 제공하기도 한다. 가족이 돌봄을 책임지던 시대는 지났다. 사회적 돌봄을 등한히 해 온 우리나라는 세계최저 수준의 출생률과 낮은 행복수준을 나타내고 있고 사회의 지속가능성까지 위협받고 있다. 급속한 고령화로 인해 돌봄 부담은 계속 증가하고 있다. 서울시는 지난 10년 간 시민 돌봄 부담을 서울시와 함께 책임지는 사회적 돌봄의 정책적 노력을 경주해 왔다. 아직은 미완의 과제다. 그러나 사회적 돌봄이 미래의 방향임을 지난 10년 정책을 통해 보여주었다. 미래의 서울은 이를 이어가 완결해야하는 책임이 있다.

시민이니셔티브,
마을-협치-자치[1]

박원순 서울시정 9년을 가장 잘 함축하는 말은 "시민이 시장이다"라는 슬로건과 '혁신과 협치'라는 두 단어다. 혁신이란 '시민이 참여하고, 민과 관이 서로 협력하여 공공의 문제를 해결하고 나아가 사회혁신을 만들어가는 것'이다. 여기서 핵심은 시민 참여고 민과 관의 협력, 즉 협치이다. 그래서 '시민이 시장'이라는 말은 협치로 혁신을 추진하겠다는 박원순 서울시장의 시정 철학을 함축하며, 시민이 협치와 혁신 주체로 서는 것이 관건이다. 박원순 서울시장의 재임기간 9년 중 전반은 혁신에, 후반은 협치에 방점이 찍힌다.

---

1   이 글은 『서울을 바꾸다 - 혁신가 박원순의 도시혁명 10년』 (2021, 비타베아타)에 실린 유창복의 글 <07. 서울협치>를 재구성하여 작성하였음.

시민의 등장과 연결

혁신의 핵심 과제는 우리사회를 혁신할 새로운 주체를 어떻게 등장시키느냐이다. 박원순 서울시장은 당사자로서 시민사회를 직접 주도하는 '시민'에 주목했다. 박원순 서울시장은 일상을 살아가는 시민이 자신의 삶터에서 조금 더 행복한 삶을 위해 혁신에 나설 때 비로소 사회혁신이 이루어진다고 믿었다. 국가가 혁신을 주도하던 국가공공성, 시민단체가 주도하던 시민공공성의 시대를 딛고 이어갈 새로운 공공성의 주체로 '시민' 당사자를 호명한 것이다. 그는 보통의 서울시민과 함께 서울시정을 이끌고 싶었고 서울시민에게 '참여'를 호소했다.

생계에 바빠 시정에 관심을 두기 어려운 시민을 대상으로 박원순 서울시장은 '넛지'(Nudge) 전략으로 접근했다. 거창하게 서울시정을 함께 하자고 하기보다 "이웃들과 소소하게 인사하고 만나서 수다 떨듯 일상의 필요를 함께 하소연하고 함께 궁리해보시라" 권했다. 우선 마을을 '생활의 필요를 함께 하소연하고, 함께 궁리하다가 협력으로 해결하는 과정에서 형성되는 이웃들의 관계망'으로 정의하고, 마음이 맞거나 뜻이 맞는 3인 이상의 이웃들과 함께 '소소하고 만만한 마을작당'을 시도해 볼 것을 제안했다. 그러자 30만이 넘는 서울시민들이 참여했고, 3인 이상의 '주민모임'은 무려 1만여 개가 넘게 등장했다. 또한 등장한 주민모임들은 '오지라퍼'를 통해서 골목에서 동네에서 서로 연결되며 '마을모임'으로 진화했다. 개인으로 고립되고 단절된 지역사회에서 친밀권(親密圈, intimate sphere)이 복원됐다.

이런 관계의 확장은 공공성 심화와 민주적 소통 문화를 낳는다. "나의 필요가 이웃의 필요가 되면 문제가 해결되고 나아가 동네의 필요가 될 때 그 문제 해결 수준이 높아진다."나의 필요로 시작한 모임이 우리의 필요로 연

결되는 순간 문제가 해결되는 것을 경험하며 공공성이 확장되고 공공성을 다루는 감각과 태도가 생긴다. 마음 맞는 몇몇 이웃끼리의 소소한 작당이 주는 효능은 더 큰 이웃관계망으로 연결되게 하면서 이른바 공공권(公共圈, public sphere)이 형성된다.

이제 시민은 더 이상 개별화된 정책의 수혜자, 서비스 소비자에 머물지 않고 민원인을 넘어 이웃과 '느슨한' 관계를 장착한 공적 주체로 등장해 문제를 해결하는 혁신 주체가 된다. '깨어있는 시민의 조직된 힘'이란 바로 일상의 현장인 동네에서 이웃과 느슨한 관계망을 형성하며 살아가는 공공적 주체를 말하는 것 아닐까. 대중이 메시아를 기다릴 때 그는 대중 속에 메시아가 잠재해 있음을 확신하고 시민을 불러냈다.

2014년 민선 6기 재선에 성공한 박원순 서울시장은 다시 425개 동(洞) 주민센터에 주목한다. 이 주민센터는 공무원이 상주하는 행정 최말단 기관이면서 주민의 일상이 펼쳐지는 생활세계에 가장 밀접하게 닿아있는 행정 단위다. 민선5기 3년여 기간 동안 확인한 주민의 연결 의지와 연결망 형성의 역량, 나아가 연결망을 통한 공공적 성장 가능성을 보면서 민선 6기에는 '점선에서 면으로' 전략이동을 계획했다. 느슨하게 연결된 '마을모임'이 좀 더 확장된 공공의제에 도전할 수 있도록 지원했다. 즉 마을모임에 참여한 주민이 동(洞) 단위의 근린지역 범위에서 마을공론장을 만들고 토론을 통해 '마을계획'을 수립하고 함께 실행할 수 있도록 지원해 주민의 관계망을 더욱 넓히고 더욱 심화된 공공성의 감각을 익히도록 하는 것이다.

마을계획은 동주민이라면 누구나 참여할 수 있으며 100여 명의 자발적 참여주민으로 구성된 '마을계획단'이 6개월 이상 매주 또는 격주 단위로 토론을 거치면서 우리 동에서 제일 시급하게 해결해야 할 과제를 추린다. 추려낸 의제들은 최종적으로 마을총회에 올려 주민 투표로 우선순위를 결정한다. 이렇게 주민들은 마을총회까지 1년 가까이 '마을'을 놓고 민주적 토론을 벌인다. 개인의 필요를 넘어 마을의 필요를 찾아내고 토론으로 협의하고 합리적으로 의사를 결정하는 '마을공론장'은 박원순 서울시장의 시민중심 철학이 '제도화'된 대표적인 사례다.

협치, '참여에서 권한으로'

민선 6기 중반에 접어들자 지역과 현장에서 불만의 소리가 들렸다. 부서별로 제각각 진행되는 보조금 공모제에 대한 피로도가 쌓인 것이다. 뿐만 아니라 민간위탁 방식으로 참여한 중간지원조직 역시 행정의 '감시와 추궁'에 갑갑해하고 위축됐다. 박원순 서울시장이 취임한 이후 300여 개의 법정·비법정 위원회가 활기를 띠었지만 '자문'을 넘어서지 못하고 '들러리'에 그치고 마는 한계에 부닥쳤다. 이에 박원순 서울시장은 2015년 9월 서울시청 국과장 간부를 전부 모아놓고 네 시간여에 걸친 협치 워크숍을 주재했다. 여기서 그는 "사업 실패는 용인해도 협치 실패는 용납 없다"고 선언한다. 이렇게 서울시 협치 '정책'이 본격화됐다.

지역과 현장에서 제기한 불만의 핵심은 '권한'이었다. 권한 없는 참여는 동원이 되고 만다. 하지만 행정은 권한을 시민에게 돌리는데 따르는 부담이 크다. 서울시는 공무원 부담을 덜고 시민 협력으로 문제가 더 잘 해결될 것이라는 기대를 공무원 스스로가 가질 수 있도록 해야 했다. 협치조례를 제정하고 협치추진단을 두고 고위 간부와 시민사회 민간대표가 모여 협력이 필요한 사안을 협의하고 이를 실행에 옮길 사무국을 설치했다. 또한 협치예산제를 도입해 시민이 정책 방향과 사업 내용을 결정할 뿐만 아니라, 결정한 정책을 실제로 집행할 수 있도록 했다. 그래야 비로소 '참여의 효능'을 체감할 수 있기 때문이다. 시행되던 주민참여예산제 운영방식을 협치가 활성화될 수 있도록 개선하고 500억 원이던 예산을 700억 원으로 늘렸다.

주민참여예산제 운영방식은 '공론장'에 초점을 맞춰 개선했다. 참여 자격이 시민 '개인'으로 한정된 것을 '단체와 기관'으로 확대하고, 제안자는 관련 시민의 협의과정을 필수적으로 거치도록 했다. 개인 아이디어에 그치지 않고 의지가 있는 시민이라면 모두 참여해 자유로운 공론을 통해 민주적으로 합의하고 '숙의'를 통하여 문제해결력을 높이도록 했다.

협치예산이 편성되는 틀로는 크게 시정협치, 지역협치, 근린협치 세 가지로 구분했다. 시정협치는 광역시 차원의 융합형 사업을 촉진하기 위한 것이고, 지역협치는 자치구 차원에서 계획형 사업을 추진하도록 지원하는 협치예산이다. 근린협치는 동 단위로 편성되는데 역시 동 단위의 계획형 사업을 유도하는 협치예산이다.

지역사회 형성과 지역협치의 제도화

민선 6기에 들면서 지역사회에는 커다란 변화가 생겼다. 동네에 사람이 많아진 것이다. 예전 같으면 지역에서 활동하는 사람들이라고 해봐야 시민단체 상근자이거나 회원으로 소속된 사람이 고작이었지만 이제는 이른 바 '쌩주민'이라 불리는 평범한 동네사람이 모여 마을축제를 하네, 아이들 방과후 프로그램을 공동으로 운영하며 다양한 관계망이 활발하게 움직이게 된 것이다. 모임이 활성화되고 모임끼리 교류가 잦아지면서 자연스레 협업 필요성이 제기됐다. 공통 과제를 해결하기 위한 협력 논의가 시도되기도 한다. 그러나 막상 논의를 시작하기는 하지만 실질적인 결실을 보지는 못했다. 모임마다 의제가 다르며 주관하는 행정부서가 제각각이어서 협업이 여의치 않았다. 가장 중요한 걸림돌은 역시 재정이었다.

'지역사회 혁신계획'은 바로 이러한 자치구의 재정적 곤란을 보완하여 자치구가 독자적인 정책 목표를 가지고 상위 정부의 획일적 정책 기조에 흔들리지 않고 집행할 수 있는 '재량예산'을 제공하기 위해 마련한 협치예산 제도다. 예산의 용처에 대한 제한은 없고 단지 지역사회 민간 주체와 '협의와 합의'를 예산 사용 조건으로 걸었다. 자치구청과 지역사회 민간 주체가 협치 공론장(협치위원회 및 협치포럼)을 구성하고 주요의제와 사업 설계 및 예산배정을 민-관 합의로 정하면 서울시는 별도 지침 없이 10억 원을 제공했다. 자치구청 공무원이 지역사회 민간 주체들과 긴밀한 관계를 맺고 협력 토대를 만들도록 유도하기 위한 것이었다. 민이나 관이나 다소 어색하고 불편한 관계로 시작되더라도 공식적인 협의가 수차례 진행되면서 의견 차이를 조정하고 상대방 형편을 이해하면서 실전을 통한 협력 문화와 관계가 다져지게 된다.

한편 적지 않은 자치구에서 민관 협치 공론장을 꾸릴만한 민간 주체를 구성할 수 없는 경우도 발생했다. 민관 협치에 앞서 민간 주체 내부의 협치를 지원하는 것이 시급하여 시민협력 플랫폼정책을 도입했다. 이 정책은 지역사회에서 활동하는 민간 주체가 자치구 차원의 공론장을 꾸리고 상호 이해를 넓히는 것은 물론이고, 민간주체가 당면한 공통 과제와 자치구 전체 차원에서 시급한 문제를 선정하고, 이를 해결해 가기 위해 민관 협치를 촉진하기 위한 방안 등을 협의할 수 있도록 지원하는 것이다. 핵심적인 지원내용은 네트워크 인건비 지원이었다. 민간 주체 간 협력적 네트워크를 구성하고 활동이 궤도에 오르면 다음 단계로 '지역사회 혁신계획'에 참여하도록 했다. 이렇게 우선 지역사회 민간 주체가 일상적인 협력 네트워크를 형성하고, 이를 바탕으로 자치구청과 공동 협업과제를 논의해 사업계획을 수립하고 민-민-관 협력을 통해 실행에 옮기면서 민-민 협치와 민-관 협치를 균형 있게 구축할 수 있었다.

한편에서는 시민 주체는 개별적인 민원인을 넘어 느슨하게 연결된 이웃 관계망으로 진화하고 다른 한편에서는 지역에서 각기 다른 의제로 실천하는 주체가 모여 네트워크를 구축해 융합적 협력을 하는 단계로까지 진화했다. 비로소 혁신정책을 추동할 시민주체가 지역별로 규모 있게 조직된 셈이다. 이렇게 서울은 '혁신과 협치의 두 날개'로 날 준비를 차곡차곡했다.

시민이니셔티브와 주민자치회

민선 5기 동안 서울 전역에 형성된 크고 작은 근린 단위의 마을모임은 민선 6기에 들어서면서 동 단위 '마을계획단' 사업의 토대가 됐다. 주민이 보여준 감동적인 마을총회는 동 단위 공론장이 가능하다는 것을 증명했다. 마을계획-마을총회로 이어지는 과정에서 평범한 주민 중 신망 받는 마을리더가 탄생하고 조금 더 민주적인 주민공론장의 필요성이 부각되면서,

주민자치위원회가 진정한 주민대표기관으로 자리 잡아야 한다는 움직임이 생겼다. 민선 6기 초부터 '마을계획단' 사업에 1차로 뛰어든 4개 구청(도봉구·성북구·성동구·금천구)을 중심으로 민선 6기 중반부터 '서울형 주민자치회' 정책을 수립하고 점차 전환을 시작했다. 민선 7기 임기가 마무리 되는 2022년까지 425개 전 동에서 주민자치위원회가 주민자치회로 전환될 예정이다.

전환되는 주민자치회가 기존 주민자치위원회와 구별되는 결정적인 차이는 기관의 성격이다. 주민자치위원회가 심의-자문기구에 그친다면 주민자치회는 명실상부한 주민대표 기관으로서 자율적인 의사결정과 독자적인 사업추진 권한을 갖는다. 즉 자치계획을 수립하고 주민총회를 개최해 주민 총의를 모아 결정할 수 있으며, 결정된 자치계획을 실행하기 위한 예산을 편성하고 집행할 수 있다. 재원으로는 주민세(개인균등분), 참여예산, 서울민주주의위원회 협치예산 등을 사용한다.

'서울형 주민자치회'는 명실상부한 풀뿌리 민주주의의 기초를 서울 구석구석에 구축하는 프로젝트다. '참여에서 권한으로'를 핵심 내용으로 삼고 결정 권한을 관(官)에서 민(民)으로 이동하는 것이며, 소수 주민이 차지한 권한을 다수 주민으로 확대하는 정책이다. 그러기 위해서 권한을 광역(시)에서 기초(구)로, 나아가 생활세계 현장인 동(洞)으로 다시 옮기는 것이다. 즉 서울형 주민자치회 정책의 목표는 '권한의 민주화'라 할 수 있으며, 생활세계의 주민이 주인되는 민주주의, '풀뿌리 민주주의'를 제도로 구축하는 것이다.

주민자치회가 주민자치 기구로서 권한을 가지려면 그에 상응하는 주민대표성과 민주성을 가져야 한다. 소수의 지역 유지를 중심으로 운영되는 관행에서 탈피하고 관심 있는 주민이라면 누구라도 참여가 보장돼야한다.

이를 위해 소정의 교육 이수 후 참여 의사를 밝힌 주민 중에서 추첨을 통해 위원을 선정하는 추첨제를 도입했다. 추첨 시에는 성별과 연령별 쿼터를 적용해 동 주민 인구비례를 자치회 구성에 반영하도록 했다. 특히 참여 연령 하한을 15세로 낮춰 참여의 폭을 넓혔다. 위원 정원을 25명에서 50명으로 확대해 참여위원을 다양하게 구성할 수 있도록 했으며, 기존 주민자치위원회 위원들의 '탈락'에 대한 우려와 불만을 줄임으로써 원만한 제도 전환을 꾀했다.

주민자치회를 구성해 주민 대표성을 가지고 민주적으로 운영한다는 조건 아래 권한을 부여받아 행사할 자격을 가지는 셈이다. 그렇다면 부여받은 권한으로 무엇을 할 것인가? 민선 5,6기를 거치면서 시민의 등장과 연결, 느슨한 연결망을 통한 공공 영역으로의 진출이라는 획기적인 성과를 거두자 시민들은 지역사회에서 활동하는 주체들끼리 교류를 확대하고 자연스럽게 민간 상호간 협력 필요성을 강하게 느꼈다. 반면 그만큼 행정 칸막이에 대한 불만 역시 높아졌다. 더욱이 참여하는 시민이 많아졌다지만 전체로 보면 아직은 5% 안팎의 '소수'이다. 시민 참여가 더욱 확대돼야 참여한 시민의 관계망이 튼튼해지고 지속가능해 진다. 참여를 확대하려면 다양한 형편과 처지의 시민이 참여할 수 있어야 한다. 그러려면 '보람'을 넘어 '혜택'을 기대할 수 있어야 한다. 생활에 도움이 되거나 다소라도 수익이 생겨야한다. 즉 지역사회에 주민이 공통으로 느끼는 문제를 해결하거나 많은 주민이 혜택을 볼 수 있는 과제를 성취해야 비로소 살기 바쁜 주민이 품과 마음을 내서 참여할 수 있다.

문제 해결을 위해서는 자원을 복합적으로 투입하고 다양한 솔루션을 가진 주체가 융합적으로 협력해야 한다. 행정의 칸막이를 뛰어넘고 민간의 칸막이를 헐어내 그야말로 문제 해결형 실천 활동을 집중적으로 할 수 있어야 한다. 주민자치회가 동네 사람이 생활 혜택을 기대하고 참여할 수 있는 공간이 돼야 하며, 실제 문제를 해결하기 위해 필요한 자원을 융합하고 문제해결 의지가 있는 사람이 협력하는 장소가 돼야 한다.

기후위기와 지역회복력을 연결하는 과제가 유제로 남아

"재난 피해와 고통은 가장 취약한 곳에 가장 먼저 가장 깊이 온다." 박원순 서울시장은 메르스 사태와 코로나19 방역을 직접 진두지휘하며 재난의 불평등성을 누구보다 절실하게 깨닫고 있었다. 코로나19보다 훨씬 강력하게 닥칠 기후위기에 대처하기 위해 지역사회가 지역 주민과 함께 협치로 탄소배출을 절감하고 사회안전망을 구축해 재난상황에서도 일상을 유지할 수 있도록 '지역 회복력'(Local Resilience)을 강화해야 한다는 사실을 간파하고 정책을 준비했다.

2020년 7월 초 박원순 서울시장은 그린뉴딜 종합대책을 발표했다. 그린뉴딜 전담 부시장과 로컬뉴딜과 로컬회복력을 담당하는 지역혁신본부를 신설을 골자로 하는 조직개편안도 마련했다. 담당부서인 기후환경본부를 부시장으로 격상시키고자 한 것은 시 유관부서를 통합적으로 지휘해 융합적 그린뉴딜 정책을 추진하기 위한 구상이었다. 지역혁신본부는 자치구와 근린지역 수준에서 주민 참여를 극대화하고 융합적인 실천을 촉진하기 위한 것이었다. 그야말로 지난 10년 동안 따로 추진된 혁신정책을 기후위기 대응이라는 절박한 시대적 과제에 집중시켜서 시너지 효과를 극대화시키고 사회경제적 약자가 서로 챙기고 상호 버팀목이 되어줄 사회안전망을 근린 수준에서 촘촘히 짜기 위해 행정조직을 파격적으로 개편하려고 했던 것이다. 기후위기 대응과 로컬회복력 강화에 대한 그의 의지를 잘 확인할 수 있는 대목이다.

기후위기 대응과 로컬회복력 강화는 박원순 서울시장이 혼신을 다해 10년에 걸친 혁신정책을 망라해 종합하고, 혁신정책의 성과를 기후위기 극복 동력으로 사용할 수 있음을 증명하는 과제였다. 정책으로 출발시킨 혁신을 기후위기를 이겨내고 탈탄소 문명 기반의 도시를 재구성하는 사회혁신으로 전환시키기 위한 결단이었다. 이제는 민선 8기의 과제가 되었다.

성장, 일자리, 복지 '세바퀴 성장'과 '지역순환경제'

서울의 모형이 대한민국과 세계의 모델로

사회적경제가 한국 사회에 등장한 것은 대중소 기업 간 격차로 양극화가 심화되지만 시장경제 기업은 고용없는 성장을 반복하며 청년실업과 중장년 조기은퇴자를 양산하는 한계를 보였기 때문이다. 사회적경제는 커뮤니티 일원인 시민이 주축이 돼 공동 출자·경영하며 커뮤니티에 필요한 서비스나 제품을 공급·소비함으로써 스스로의 일자리를 만들고 수익을 커뮤니티 자산으로 재투자하는 시민 간의 공유경제 활동을 지향한다.

한국은 1998년 외환위기 전후로 사회적경제 방식의 시민사업 지원과 정부 정책이 도입되었다. 유럽과 북미 등 국제사회에 견줘 보면 한국의 사회적경제는 학령기 수준이다. 그럼에도 고용노동부·보건복지부·기획재정부 등에서 아시아 최초로 사회적기업 육성법과 자활지원법, 협동조합기본법을 제정하는 등 사회적경제 조직을 위한 제도정비에는 앞장선 모습이다. 문재인정부는 중소기업벤쳐부·국토부·산림청 등에서도 사회적경제와 협력해 청년 기술창업·사회주택 건설관리·산림자원 보존활용 등 그 정책영역을 확대하고 있다.

이러한 변화는 지난 10년 간 박원순 서울시장과 시민사회가 함께 실험해 전국으로 아니 전세계로 확산시킨 '사회적경제 민관협치형 생태계 조성 모델'이 있었기에 가능했다. 문재인 대통령도 사회적경제 활성화 관련 관계 부처 장관회의나 정책선언 시 "중소기업하기도 어려운 대한민국에서 취약층을 고용하거나 사회문제를 해결할 사회서비스를 제공하며 사회적경제가 성장하기란 쉽지 않은 도전입니다. 서울의 10년 경험을 배워 전국화 해주세요. 박원순 시장님도 제게 서울이 만든 정책혁신과 지원체계를 모두 복제해 가시라 했습니다"며 독려하였다고 한다. 이에 지난 10년간 서울에서 만들어 낸 민관협치형 사회적경제 정책 성과와 팬데믹 이후의 혁신 과제를 간략히 정리해 본다.

시민생활의 '4불(不)' 해소하는 소방수경제, 시민참여로 5배 성장

2011년 11월 30일 박원순 서울시장은 '사회적경제 청책'이라는 공론장을 통해 "시민의 주도적 참여와 사회·경제·문화적 수요에 기반해 운영되는 사회적경제 조직을 통해 사회문제의 혁신적 해결과 커뮤니티별 순환경제가 정착되도록(목적) 다양한 사회주체 간 연대와 공동책임 하에(원칙) 사회적경제의 지속가능한 생태계를 조성해 나가겠다(과제)"며 그간 중앙정부가 주도한 한시적 창업지원과는 차별화된 정책패러다임을 제시했다. 오랜 역사와 시민자원 활용이 가능한 선진국과 달리 국내 사회적경제 조직의 연대 경험과 지역사회 결합이 취약했던 점을 고려해 "서울시 사회적

경제 생태계 조성 시 사회적 자본 확충과 활용이 용이하도록 4대 공유자원망(사회적금융 · 협동사업망 · 공동 인재육성 · 공동 판로)을 구축하고 서울시부터 동단위까지 민관협치를 통해 공동생산함으로써 시민사회 역량 강화와 보충성 원리가 실현되도록 추진 전략을 구현하자"는데 민관이 합의했다.

이를 위해 사회적기업에 대한 한시적 인건비 지원 수준에 머물렀던 정책을 획기적으로 변화시켰다. 600억 원 규모의 사회투자기금 출현 및 저리신용 사업자금 융자 그리고 연평균 400억 원에 달하는 예산을 투입해 사회적경제 기업의 성장 단계별 맞춤형 지원과 협업 사업화 지원을 추진했다. 국내 최초로 '사회적경제 및 협동조합 지원 조례'와 '사회 책임 조달 조례' 등도 제정해 소규모 신생 기업의 공공조달 시장 진출도 현실화 했다. 2020년 서울시의 사회적경제 공공구매 목표는 1,800억 원에 달할 정도로 규모가 성장했다.

2016년 글로벌 사회적경제포럼이 열린 몬트리올 연설에서 박원순 서울시장은 성장과 일자리, 복지가 선순환하는 '세바퀴 성장'을 강조하며 불평등국가 대한민국에서 사회적경제가 시민의 경제적 불평등 문제, 생활서비스 불편, 미래에 대한 불안, 불공정 등 '4불'을 끄는 소방관이 돼 99% 시민이 행복할 '위코노믹스(Weconomics)'를 열어가자고 강조했다.

그 결과 2011년 대비 서울의 사회적경제 기업 수와 고용 · 매출 · 자본금 등이 5배 이상 성장하는 양적 성과를 이끌어 냈다. 서울시에서 변화시킨 대부분의 정책이 경기 · 제주 · 경남 · 대구 등 전국 지방자치단체는 물론 중앙정부와 함께 아시아 · 아프리카 도시정부로 확산됐다.

[그림 1] 서울 사회적경제 지원 정책

[그림 2] 서울 사회적경제 성장 (2012년 초→2018년 말)

'소재지만 서울'에서
'서울의, 우리 동네 문제를 해결하는 사회적경제'로 지역화 촉진

우리는 지난 9년간 박원순 서울시장의 응원 속에, 지역사회와 결합도가 약한 채 전국 혹은 글로벌 시장을 무대로 활동해야 했던 사회적경제 조직들이 자치구와 협력하며 지역문제 해결에 나설 수 있도록 새로운 지원 수단을 개발했다. 자치구별로 사회적경제 네트워크 구축 지원, 협업클러스

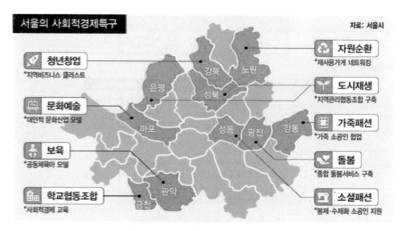

[그림 3] 서울시 사회적경제특구 추진 현황

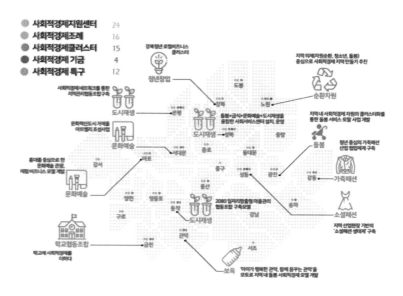

[그림 4] 서울 사회적경제 지역화 지원 성과

터 공간 지원, 자치구 생태계 조성 사업, 사회적경제특구 조성 등이 대표
적이다. 이제 25개 자치구 대부분에 사회적경제 기업을 위한 협업 공간 및

지원체가 운영돼 지역 시민의 서로돌봄·지역기반 창업·쓰레기 최소화와 재활용 등 지역 문제에 더 집합적으로 대응 가능하게 됐다.

서울 광진구 사회적경제 네트워크가 지역화 지원의 성과를 보여주는 대표적인 사례다. 광진사회적경제네트워크 회원 조직은 자치구 생태계 조성 지원 3년, 자치구 지원센터 지원 6년, 사회적경제 돌봄특구 지원 3년을 거치면서 '지역내 노인 방문요양·건강맞춤식 배달·마을밥집·건강예방센터 열평운동장·우울 상담 등 서비스패키지'를 제공했으며 이 과정에서 지속적인 활동 공간거점이 될 36억 원 규모의 공유사옥도 매입하는 성과를 냈다. 향후 사회적경제가 젠트리피케이션에 공동대응하며 지역 활동을 지속할 시민 공유자산을 형성할 수 있다는 가능성을 보여 준 중요한 사례다.

사회적경제 민관협치 모델 구축과
100년 도시가 참여하는 국제연대체 설립 운영

서울시 사회적경제 생태계 조성전략 변화는 2012년 7월 시작해 현재까지 운영 중인 '서울시 사회적경제 민관정책협의회'라는 수평적 민관거버넌스를 통해 이어지고 있으며 서울연구원 협치연구에서도 우수사례로 주목받고 있다.

박원순 서울시장과 서울시사회적경제네트워크 대표가 공동의장을 맡은 '서울시 사회적경제 민관정책협의회'는 매년 사회적기업·협동조합·마을기업·자활기업은 물론 청년 소셜벤처대표와 관계 공무원들이 참여하여 서울시 정책 방향과 예결산을 공동 수립하고, 실행과 평가를 함께 책임지는 구조다. 이러한 민관거버넌스에서 사회적 합의를 이룰 의제 취합 및 대안정책 개발자로서 서울시사회적경제지원센터의 기능도 중요하게 작용했다.

더불어 '서울시 사회적경제네트워크'에서는 국회 및 서울시의회 의원들의 사회적경제 포럼 운영과 사회적경제기본법·사회적경제 구매촉진법·공공기관 사회가치법 등이 발의되도록 정책지원을 추진했으며 서울 외 지역에서도 사회적경제가 활성화되도록 '전국 사회연대경제 지방정부협의회' 출범을 도와 6년간 간사 조직 역할도 수행했다.

국내 모범적인 민관협치, 지역간 연대 경험을 바탕으로 2013년 서울시는 국제사회에 '글로벌사회적경제포럼(GSEF)' 설립을 제안했다. 200년 이상의 사회적경제 역사를 지닌 국가의 도시정부들 첫 반응은 "서울이 왜?"였다. 사회적경제의 분야별 조직이나 선진국이 주도해 운영 중인 '세계협동조합연맹(ICA)'이나 '사회적기업국제포럼' 등이 이미 존재했기 때문이다. 무엇보다 '사회적경제 전분야를 아우르며 도시의 자족성과 회복력 제고를 위해 도시정부와 민간의 공동 참여' 가능성에 대해서도 의문을 품었다.

그러나 2020년 현재 GSEF는 77개 도시정부 및 민간 사회적경제 조직, 전문 연구기관, UNTF SSE·국제노동기구(ILO)·유럽연합(EU) 등 국제기구가 함께하는 포괄적인 사회적경제 국제연대체로 자리잡았다. 2013년 서울포럼을 시작으로 격년으로 개최되는 GSEF 포럼은 북미와 유럽을 순

© 서울시

© 서울시

회하며 회당 1,800명의 정부 대표·국제기구 관계자·사회적경제 리더 및 시민이 참여했다. 2020년 팬데믹 상황에서 대륙별 사회적경제의 상황 파악과 대안 마련을 위해 연속 글로벌 웹세미나를 진행했는데 1만 명이 넘는 세계시민이 접속하는 공론장으로 활용됐다.

　이러한 국제적 호응이 가능했던 것은 박원순 서울시장과 서울의 사회적 경제계가 만들어 낸 '민관협치형 생태계 조성 전략'이 사회적 자본과 시민 참여 역사가 짧은 아시아·아프리카·남미의 내발적 발전과정에 더욱 유용하다는데 선진국도 공감했기 때문이다. 나아가 1천만 인구의 메가시티 서울에서 인권변호사이자 시민운동가였을 뿐 아니라 '아름다운가게' 사회적기업가로도 활동했던 박원순 서울시장에 대한 신뢰와 기대감이 작동했기 때문이다. 선진국 도시들의 사회적경제가 오랜 역사 속에 대규모화하면서 새로운 사회문제에 탄력적으로 대응하지 못하거나 미래 세대에게 신

선함이 부족해지고 정치권력의 변화 과정에서 정책적 부침도 반복되는 상황이었기에 서울시를 의장도시로 추대하고 글로벌 상호학습과 정책연대 장으로 활용하자며 호응했다. 이에 GSEF를 시작으로 '사회적경제 국제지식교류센터(cities)', '칼폴라니연구소 아시아지부' 등도 연이어 설립되는 국제연대 측면의 성과도 이어졌다.

기후와 경제 복합위기를 돌파할 지역순환경제라는 도전과제

지난 10년의 활동을 통해 우리 사회적경제가 집중 생산·소비해야 할 재화가 어떤 성격이어야 하는지도 명확해졌다. 현재와 같은 저성장기·중산층 축소기에는 시민 간 상호부조적인 생산소비를 통해 생활 비용을 절감하며 일상의 반복구매가 가능하도록 하는 필수생활재(주거·먹거리·교통·의료복지·교육·돌봄 등)에 집중해야한다. 이것이 100년 가는 선진국 사회적경제 기업의 공통된 비결이며, 서울의 주인인 서울시민들이 사회적경제의 성장으로 생활의 불안·불편·불평등·불공정이 해결됐다고 체감 가능한 전략분야다. 단순한 사회적경제 규모 확충이 아니라 이들 분야에서의 영향력 규모화에 집중하는 2단계 전략으로 전환할 시점이다. 지난 2019년 3월, 서울의 사회적경제 주체들과 박원순 서울시장은 '서울 사회적경제 2.0 선포식'을 통해 이를 합의하였다.

또한 감염병시대를 불러 온 인류의 생태파괴 행위를 중단하고 2050탄소제로를 이끌 순환경제(Circular Economy)로 사회적경제의 가치사슬 혁신도 추진돼야 한다. 지금까지 시장경제가 글로벌 분업체계 하에서 각국의 GDP 성장을 위한 대량생산과 대량소비 사회를 지향하며 '자원채취-대량생산-폐기'의 선형경제를 추구했다면 이제 '기후악당' 오명을 쓴 대한민국의 사회적경제는 물론 시장경제 조직에 이르기까지 자원 절약과 재활용을 통해 지속가능성을 추구하는 친환경 경제 모델인 순환경제로 전환해야 한다. 선택이 아닌 필수과제다.

마침 전세계적으로 추진중인 2050탄소중립 선언과 그린뉴딜 정책 역시 친환경 에너지 전환·그린리모델링·생태 먹거리 등 생활재분야의 순환경제 전환을 가속화시킬 전망이다. 박원순시장은 생전 마지막 공식행사로 '서울판 그린뉴딜' 선언식을 진행했다. 또한 불발로 끝났으나 사회적경제가 경제와 기후 위기에 동시적으로 해법을 제시할 수 있도록 '그린산업 클러스터'를 조성하자는 논의도 한참 진행하였다. 이에 사회적경제 조직은 이러한 그린산업 분야에서 지역순환경제를 구축하는데 핵심주체가 될 수 있도록 기술개발과 사업혁신, 국제연대를 추진해야 한다. 해당 업종이 아닌 사회적경제도 사업 과정에서 이러한 순환경제 원리를 실현하기 위한 노력을 시작해야 한다.

사회적경제 조직은 공공과 민간의 사회적 투자를 마중물로 활용한 후 시민투자와 충성고객을 기반으로 함께 지속가능할 호혜적 경제를 지향해왔다. 이러한 지향을 현실로 구현하고자 한다면 지금 바로 사회적경제의 지역순환경제 기여 전략을 재정비해야 한다. 지역순환경제(Community Circular Economy)란 커뮤니티 기반의 시민연대로 원자재·사람·자산 등 순환성을 높이면서 시민의 생활필수재 가치사슬 (출자-생산-유통-소비-재투자의 과정)을 생활권역으로 축소해 지역에 선순환될 자산과 일자리를 성장시키며 자족성과 회복력을 제고하는 경제라고 개념화 할 수 있다.

이러한 지역순환경제의 실현 과정을 통해 부익부 빈익빈에 기반한 사적소유재와 시민활용이 어려운 공공소유재 뿐인 대한민국에서 시민의 행복을 위해 활용가능한 공유재(Commons, 시민기금·상호공제·공동체주택·협업농장 등)를 확충해 나갈 것을 추후 지속과제로 제안한다.

소통의 문법, 경청

소통은 박원순 서울시장의 핵심 키워드다. 그는 불통의 시대를 마감하고 소통의 시대를 열었다. 서울시에 열린 시정을 구현했다. 차벽으로 막힌 서울광장을 열어 시민을 맞았고 시민 참여를 통해 민주주의의 기반을 마련했다. 위험사회 속에서 불안해하는 시민에게 소통을 통한 '이통민안(以通民安)'의 가치를 내세웠다. 소통으로 서울시민을 편안하게 하겠다는 의지의 표현이었다. 박원순 서울시장은 불통 공화국의 시대에 서울특별시를 소통 도시로 만들어 내면서 한편으로는 시민의 불안을 치유하는 역할을 담당했고, 나아가 촛불시민혁명을 위한 열린 광장을 마련했다.

불통 공화국, 닫힌 광장을 열어라

서울시장 보궐선거가 있던 2011년 대한민국은 불통 공화국이었다.

2008년 이명박 대통령은 국민 건강을 볼모로 미국산 쇠고기 수입을 강행했다. 국토를 파괴하는 한반도 대운하 사업을 4대강 사업으로 이름만 바꾸어 강행했다. 국민과 소통하려는 노력은 없었다. 정부는 일방적인 밀어붙이기식 정책만을 강행했다. 시민들은 정부를 불통 정부로 불렀다. 2009년 노무현 대통령이 검찰 조사를 받는 과정에서 서거했고 김대중 대통령도 세상을 떠났다. 2010년 용산 사태가 발생하면서 서민들은 불통에 따른 위험이 내 삶을 파괴할 수 있다는 불안감을 느끼기 시작했다. 특히 2009년 오세훈 서울시장은 이명박 정부를 비판하는 시위를 막겠다고 서울광장에 '차벽'을 쳤다. 서울시민은 집회결사의 헌법상 자유도 행사할 수 없는 지경이 됐다. 이명박 대통령과 오세훈 서울시장의 불통 행정은 서민 삶의 터전을 빼앗는 것은 물론이고 민주주의 위기를 초래하는 상황이 됐다. 오세훈 시장은 아이들에게 혜택을 주는 무상급식을 반대하기 위해 무리한 시민투

표를 강행하면서 시장직까지 잃게 되었다.

　박원순 서울시장은 6월 민주항쟁과 김대중·노무현 정부를 거치면서 성장한 시민사회가 보수정권으로 교체된 이후 억압받고 위축되는 것에 분노했다. 그는 시민사회의 혁신역량을 강화하고 이를 통해 국가 체제를 혁신하는 모델을 만들고 싶어했다. 그랬던 그가 이명박 정부를 겪으면서 시민사회가 극심한 탄압을 받았고 본인 스스로도 국정원 감시대상이 되는 일이 발생하면서 서울시장에 출마할 결심을 했다. 불통 시대에 서울시장이 돼 시민 소통의 주체가 되고자 했다. 소통을 통해 대한민국을 혁신할 수 있는 유전자를 만들고 싶어했다.

　소통을 통한 열린 시정의 상징은 '차벽'으로 막혔던 서울광장을 연 것이다. 그는 취임사에서 "서울광장은 시민 여러분의 것입니다. 서울광장과 광화문광장은 누구의 허가에 의해서가 아니라 모든 시민이 누구나 나와서 마음껏 주장하고 휴식할 수 있는 공간으로 만들겠습니다. 이 서울 땅에서 대한민국의 민주주의가 만발할 수 있는 기초를 만들겠습니다"라고 말했다. '차벽'으로 둘러 쌓였던 서울광장을 시민에게 돌려주는 소통 행정을 시사했고 이것이 민주주의를 지킬 것이라고 예견한 것이다.

소통으로 시민 불안을 해소하자 : 이통민안(以通民安)

　박원순 서울시장 당선 후 서울시민은 불통 이미지였던 서울의 변화를 기대했다. 취임 직후인 2011년 서울 거주 시민 500명을 대상으로 한 여론조사에서 서울시민은 서울시정의 정책 변화(34.8%)를 첫 번째 과제로 꼽았고 다음으로는 시민 소통(13.8%)을 꼽았다. 박원순 서울시장에게 '변화와 소통'이 핵심 키워드로 요구됐다. 권위주의 행정에서 벗어나 민주적 행정을 해야 하고 불통 시대를 마감하고 시민과 소통해달라는 것이었다.

소통은 무엇을 위한 것일까. 우선 행정주체가 시민과 소통하면서 시민 참여를 독려해 쌍방향 거버넌스를 만들어내는 것이었다. 이를 통해 일방 통행식 행정에 대한 불신을 해소하고 소통과 신뢰를 높이려는 목표를 가지려고 했다. 불신의 시대를 넘어서 신뢰를 기반으로 한 소통 시대를 열어야 했다. 박원순 서울시장은 허준이 동의보감에서 말한 '통즉불통 불통즉통(通卽不痛 不通卽痛)'이라는 말, 즉 통하면 아프지 않고, 통하지 않으면 아프다는 것처럼 행정이 시민과 잘 소통해야 시민의 아픔이 사라진다고 믿었다. 불통으로 신음하는 시민의 아픔을 소통으로 치유하고자 했던 것이었다.

2014년 신년사에서 박원순 서울시장은 '이통민안'을 시정의 뿌리로 삼겠다고 했다. 저성장 시대, 고령사회 등 시민 불안 요소를 현장 소통을 통해서 풀어가면서 시민에게 편안함을 주겠다는 계획이었다. 시민 목소리를 가감 없이 듣는 것 그것이야 말로 "시민에 의한, 시민을 위한, 시민의 서울시"를 만드는 출발점이어야 한다는 믿음이었다.

박원순 서울시장은 아이디어 채집가였다. 작은 수첩에 수성펜을 들고 시민 목소리를 경청하면서 혁신 아이디어를 체계화해갔다. 현장에서 시민의 목소리 하나 하나에 집중했고 채집된 시민 목소리에 정책 전문가의 판단을 더해 혁신적인 정책을 만들었다. 현장에서 살아있는 시민 목소리를 들었고 그 속에 전문가의 경험과 지혜를 접목하면서 서울시 정책은 타당성을 높여갔다.

박원순 서울시장은 '우리 문제는 현장에 답이 있다'를 줄인 '우문현답'이라는 말을 자주 썼다. 시정철학이 담긴 말이었다. '우문현답'을 실천하기 위해 본인 스스로 현장 시장실을 만들어 달려갔다. 현장 시장실은 말 그대로 시장이 현장으로 '출근'해 문제를 해결하려는 강한 의지의 표현이었다.

현장으로 출근하는 서울시장의 모습은 시민에게 소통의 상징이 됐다. 현장에서 살아가는 지역 주민의 목소리를 들어봄으로써, 책상 위 서류만으로는 파악하기 힘든 정책과제를 직접 해결해보려는 것이었다.

경청의 자세 : 귀도 떠야 들린다

박원순 서울시장은 시정의 소통경험을 정리한 책 '경청' 서문에 "방민지구 심어방천 (防民之口 甚於防川)"라는 말을 인용했다. 시민의 입을 막는 것이 흐르는 강물을 막는 것보다 더 위험하다는 선현들의 지혜를 책머리에 제시한 것이다. 그는 이 가르침대로 시민 속으로 들어가 시민의 말을 듣고 그 속에서 열린 정책의 방향을 만들었다.

박원순 서울시장은 말을 잘하는 사람이기 보다 남의 말을 잘 듣는 사람이었다. 많은 사람의 이야기를 들으며 귀납적으로 사안을 정리하고 이를 통해 혁신적 아이디어를 가꾸는 사람이었다. 그러므로 그에게 소통의 기술은 말하는 기술이라기 보다는 듣는 기술이었다. 그에겐 특별한 경청의 기술이 있었다.

"단순히 듣는 걸 청이라고 합니다. 그런데 듣는 것만으로는 진짜 소통을 하기는 부족합니다. 더욱 잘 듣기 위해 상대 말에 귀를 기울여 '경청'을 합니다. 그런데 저는 귀 기울여 듣는 것으로도 부족하다고 생각합니다. 상대를 공경하는 마음이 없다면 아무리 열심히 듣는다 한들 그저 지나가는 작은 소리로 밖에

여겨지지 않을 겁니다. 그래서 저는 경청(傾聽)을 넘어 경청(敬聽)하려 합니다. 공경하는 마음으로 가슴 깊이 새겨듣고 진짜 소통을 하려고 합니다"(출처: 박원순(2014). 『경청』)

일반적으로 경청이라고 하면 귀 기울여 듣는다(傾聽)는 뜻을 갖는다. 그런데 박원순 서울시장은 경청의 경을 기울일 경(傾)에서 공경할 경(敬)으로 바꾸었다. 단 한 글자를 바꾸면서 '듣기'를 한 차원 높은 수준으로 끌어올려 상대방을 공경하며 그의 말을 듣는다(敬聽)는 의미로 확장했다. 경청이야말로 불통시대에 필요한 소통의 가치와 함께, 일반시민들에 대한 공경의 의미까지 담는 복합적인 개념이었다. 불통정권이었던 이명박 · 박근혜 정권을 전면 비판하면서 시민중심의 새로운 소통시대를 열어가자는 취지의 일대전환이었다.

박원순 서울시장은 재임 기간 동안 오히려 자신의 귀가 성장했다고 생각했다. 경청이라는 책에서 그는 "예전 같으면 화가 나서 귀를 닫아버렸을 저이지만 이제는 무슨 이야기든 다 듣고 적절한 답변을 할 수 있는 사람이 되었다"고 말했다. 이런 변화를 행정에 녹이겠다는 상징이 현재 서울시청 앞에 있는 귀 모양 조형물이다. 박원순 서울시장은 세종대왕을 예로 들면서 빅이어(big ear) 리더십의 중요성도 강조했다. 세종대왕이 집현전 학자들과 소통을 강화해 한글 창제와 측우기, 앙부일구 등을 발명했고 양반과 농민을 가리지 않고 1가구 1표 원칙으로 국민투표를 실시해 토지제도를 개선하는 등 업적이 다양한데, 이 모든 것이 경청 리더십에 의한 결과라는 것이었다. 박원순 서울시장이 '세종처럼'을 강조한 것도 사회혁신 아이디어를 개발하는 차원에서 한 이야기였다. 박원순 서울시장은 소통의 기본문법으로 경청을 강조했으며 그를 위한 10가지 원칙을 다음과 같이 제시했다.

서울시청 앞에 있는 귀 모양 조형물 　　ⓒ 서울시

1원칙　말을 음미하라

2원칙　경청을 제도화하라

3원칙　편견없이 들어라

4원칙　효율적으로 들어라

5원칙　반대자의 의견을 들어라

6원칙　두려워하지 말고 그들의 가운데로 들어가라

7원칙　신뢰를 얻기 위해 때로는 용서를 빌어라

8원칙　절실하게 들어라

9원칙　말하는 사람을 신뢰하라

10원칙　말하는 것 이상을 들어라

경청의 제도화: 마음에서 일어난 '불'을 끕니다.

불통 시대에 소통처럼 많이 언급된 단어도 없다. 그러나 소통을 관념적으로 외칠 때 그것은 별 의미가 없다. 단순히 듣기로만 끝나는 1.0버전에서 발전해 상호작용하는 2.0버전으로 진화 해야했다. 박원순 서울시장은 소통의 기본문법으로 청자를 존경하는 의미를 넘어 소통이 융합과 창조를 만들어낸다고 보았다. 박원순 서울시장이 주장한 3c(communication (소통), collaboration(융합), creativeness(창조력))는 이런 맥락에서 나왔다. 단순한 소통으로 끝나는 것이 아니라 소통해야 융합할 수 있고 그래야 창조할 수 있다는 것이다. 그래서 미래 먹거리까지 구해야한다는 것이었다.

당시 대한민국은 불통 사회였고 위험이 극대화되어 스스로 치유 할 수 없는 사회라는 진단이 많았다. 2014년 서울연구원에서 개최한 메가시티연구원연합회(Metta) 총회에서 독일의 사회학자인 울리히 벡(Ulich Beck)은 "대한민국 서울이야말로 위험사회가 압축적으로 극대화된 도시"라고 언급했다. 그리고 "서울시민이 극도의 불안감을 느끼고 있다"고도 진단했다. 울리히 벡은 기후변화 등 위기 상황이 극단적으로 전개되다 보면 해방적인 파국(emancipatory catastopy)을 맞게 될 것이라고 예언하기도 했다. 박원순 서울시장은 이러한 파국을 맞기 전에 치유를 위한 소통이 필요하다고 주장했다. 파국적 위기를 극복하기 위해 위험을 극복하는 소통이 필요하며 이를 통해 불안감을 해소해야 한다는 것이었다. 단순히 소통하는 것에서 벗어나 경청의 기본문법을 만들어 궁극적으로 안전사회로 가자는 것이었다. 그런면에서 그는 마음의 불을 끄는 소방관이 되고자 했다.

"저는 불을 끄는 소방관이 되고 싶다는 말을 합니다. 눈에 보이는 불은 물로 끄지만 마음의 불은 소통으로 끕니다. 제가 말하는 마음의 불이란 뜨거운 열정을 칭하는 게 아니라 '불'평등, '불'안, '불'평, '불'만을 뜻합니다. 무수한 사람이 겪는 마음의 고통은 마음에서 일어난 '불' 때문이라고 생각합니다"(출처: 박원순(2014). 『경청』)

들어야(聽) 소통이다_청책토론회와 시민청

박원순 서울시장은 경청의 제도화를 추구했다. 혹시라도 자신의 귀가 닫히려고 할 때 경청의 가치와 의미를 잊지 않기 위해서였다. 박원순 서울시장에게 있어서 경청의 궁극적인 목표는 시민 목소리를 반영해 궁극적으로는 시대 트렌드를 쫓아가는 것이다. 2018년 민선 7기 시장 선거공보에 캐치 플레이즈로 '시대와 나란히 국민과 나란히'가 나온 것도 이러한 맥락이다.

박원순 서울시장은 '청책 토론회'도 만들어 적극 활용했다. "청책(聽策)이란 말 그대로 듣고서 꾀를 낸다는 뜻입니다. 무엇이 해결해야 할 중요한 정책 현안인지, 누구를 대상으로 언제, 어디서, 어떤 방법으로 실행해야 할지 시민에게 물어서 정책을 만든다는 것입니다"(출처: 박원순(2014), 『경청』). 청책 토론회는 시민 의견을 듣고 관련 전문가의 조언을 참고해 시가 추진할 정책으로 발전시키는 역할을 했다. 청책토론회는 한 노숙인의 죽음을 겪은 후 나온 박원순 서울시장 아이디어였다. 그는 노숙인의 죽음을 개인적인 불행으로 치부하지 않았다. 어떻게하면 구조적으로 개선할 수 있을지 고민했다.

청책토론회는 새로운 거버넌스로 가는 길이었다. 새로운 거버넌스는 '시민사회를 정부의 활동 영역에 포함시켜 새로운 파트너로 인정함으로써 정부 조직, 기업, 시민사회 등 이들 모두가 공공서비스와 관련하여 신뢰를 통한 네트워크를 구축하는 것'이다. 이러한 소통 노력은 명예부시장제도와 시민발언대, 나아가 정책박람회 등으로 이어졌다. 정책박람회는 다양한 정책을 발표하면서 일반시민과 직접 소통하는 장이 됐다.

"시민청은 이름부터가 경청을 담고 있다. 관청 청(廳)자 대신에 들을 청(聽)자를 사용해 경청의 마당이 되고자 하는 뜻을 담고 있다. 시민청의 심벌 및 로고도 '경청하는 귀'를 상징하도록 디자인했다. 말하기는 '기술'이지만 듣기는 '예술'을 넘어 '마술'이라는 말이 있다. 말솜씨에 홀리는 건 금방이지만 정신 차리는 것도 금방이다. '듣기'의 달인을 만나면 매혹되는 데는 시간이 걸리지만 한번 빠지면 걷잡을 수 없이 마음을 내주고 맙니다."(출처: 박원순(2014).『경청』)

박원순 서울시장은 시청을 시민청(市民廳)이라고 고쳐 불렀다. '청'자를 들을 청(聽)으로 고친 것도 듣는 것을 강조하는 철학을 반영한 것이었다. 그는 경청의 자세로 소통의 문법을 새롭게 만들면서 새로운 미래를 꿈꾸었다.

[그림 3] 서울특별시와 시민청의 엠블럼   ⓒ 노컷뉴스

신종 감염병 시대,
'K 방역 공공의료' 빛났다

새로운 감염병 시대의 출현

2015년 6월 4일 목요일 밤 10시 30분. 서울시청 2층 기자회견장에는 1백 명이 넘는 기자와 수십대의 방송 카메라가 모여들었다. 늦은 시각 긴급기자회견을 연 박원순 서울시장은 다수의 서울시민이 메르스(MERS, 중동호흡기증후군) 위험에 노출됐음을 알렸다. 박근혜 정부의 늑장 대응과 불투명한 조치를 비판하며 신속하고 투명한 정보 공개와 공유를 통해 메르스 확산을 방지하고 시민을 보호하기 위해 서울시가 직접 나서겠다고 선언했다. 이 선언은 "늑장대응 보다 과잉대응이 낫다"는 한마디로 시민의 마음에 꽂혔다.

이날 기자회견은 서울 뿐만 아니라 전국적으로도 메르스 대응 국면에서 중요한 분기점이 됐다. 기자회견 후 정부는 그동안 공개하지 않았던 메르

2015년 6월 4일 긴급기자회견을 연 박원순 서울시장은 다수의 서울시민이 메르스(MERS, 중동호흡기증후군) 위험에 노출됐음을 알렸다.　　　　　　　　　　　　　　　　© 서울시

스 관련 의료기관과 환자 동선 및 방문지 정보 등을 전면 공개하기 시작했다. 환자 접촉자 조사는 만약을 대비해 더욱 철저해졌으며 확진 환자 발생 의료기관에 대해서는 코호트격리 등과 같은 과감한 조치가 취해졌다. 그 결과 메르스 첫 환자 발생 이후 두 달을 조금 넘긴 7월 28일 국무총리는 메르스가 '사실상 종식'되었음을 선언할 수 있었다.

　2015년 메르스 유행은 확진환자 186명과 사망자 38명 이라는 상처를 남겼다. 결과를 받아들이기에는 사회적 충격이 너무나 컸다. 감염병에 대한 공포감도 있겠지만 전세계적으로 이동이 자유로운 시대에 또 다시 신종감염병이 국내로 들어올 수 있다는 점이 확인됐기 때문이다. 더욱이 시민들은 일상을 회복하기까지 힘든 시간을 보냈고 경제적으로도 막대한 피해(질병관리청 연구(2020)에 따르면 2015년 메르스 유행으로 인한 경제피해는 약 11조원으로 추산되며, 실업자는 7만3천5백 명에 이른다)를 동반했기 때문에 그 충격을 쉽게 잊어서는 안됐다. 다시 이런 일이 없으리라는 보장이 없는 상황에서 우리 사회의 감염병 대응력에 대한 점검과 개선이 중요한 사회적 과제로 떠올랐다.

이에 대해 응답하는 과정에 박원순 시장이 이끌었던 서울시는 큰 기여를 했다. 신속과 투명, 정보공개를 중심으로 한 원칙을 세우고 위기대응 리더십의 모범을 보여주면서 메르스를 극복했다. 그 후에는 재발 방지를 위한 대응력 강화를 모색했다.

2015년 메르스의 쓰린 경험은 5년을 지나 2020년 시작된 '코로나19(COVID-19)' 대응에 '약'으로 작용했다. 그 덕분에 우리나라는 코로나19의 전세계적 대유행 과정에서 대응을 잘한 나라라고 세계보건기구(WHO)의 인정을 받을 수 있었다. 'K방역'이라는 이름으로 불리는 우리나라의 성공적인 방역체계는 2015년 메르스 경험에서 유래된 것이라 해도

© 서울시

과언이 아니다.

그러나 아직 코로나는 끝나지 않았고 언제 끝날지 누구도 쉽게 장담하지 못하고 있다. 끝나더라도 코로나19 이전 시대로 되돌아가기는 어렵다. 생활환경과 생활방식에 상당한 변화가 예상되기 때문이다. 또 다른 신종 감염병이 언제 다시 우리의 일상을 위협할지 모른다. '새로운 감염병 시대'는 이미 시작했으며 감염병 위험이 상존하는 시대에 우리는 이미 살고 있다.

코로나19와 메르스

새천년을 맞이한 2000년 이후 우리나라에 영향을 미친 대규모 유행 감염병은 4개로 압축된다. 2002~2003년 사스(SARS, 중증호흡기증후군), 2009~2010년 신종플루, 2015년 메르스(MERS, 중동호흡기증후군) 그리고 지금 우리가 경험하는 코로나(COVID19)가 그것이다. 이들은 모두 '인수공통전염병'으로 인간 이외의 동물에서 유래한 바이러스에 의한 감염병이라는 공통점이 있다. 자세히 나누자면 '신종플루'를 제외하고 사스, 메르스, 코로나는 모두 이른바 '코로나계열'의 바이러스에 의한 신종감염병으로 알려져 있다.

'신종감염병'이라는 것은 상대하기가 대단히 까다롭다. 무엇보다도 국내외 참고할만한 정보가 매우 부족하다. 전파되는 특징이나 신체에서 발생하는 임상적 특징 등 관련한 정보가 거의 없다. 적절한 치료제와 백신이 준비될리 만무하다. 이런 상황에서는 결국 발생한 환자를 중심으로 감염경로를 조사하고 이를 차단해 감염 확산을 방지하면서 바이러스 특징을 파악하고 시기마다 적절한 조치를 취해야 한다. 그야말로 싸워야 할 상대에 대한 정보를 전혀 갖지 못한 상태에서 맞서야 하는 '어둠 속의 전투'와 같다.

다행히 역학(疫學) 기술과 경험이 축적됨에 따라 특징을 발견하면서 효과적인 대응력을 빠르게 갖출 수 있게 됐다. 이번 코로나19 유행 과정에서도 여러 특징과 정보를 빠르게 파악할 수 있었다.

2015년 메르스와 비교해 정리해 보면 이렇다. 우선 메르스가 거의 대부분 의료기관 내에서 감염 확산이 이루어졌던 반면 코로나19는 병원 문턱을 넘어선 '지역사회 감염'으로 확산했다. 또한 코로나19는 치명률이 1~6%로 20% 안팎인 메르스에 비하면 낮지만, 빠르고 넓게 확산되는 특징을 보였다.

감염되더라도 대다수 확진자가 증상이 없거나 경미하다는 점도 발견할 수 있다. 이 점에 착안해 의료기관이 아닌 시설을 활용해 가벼운 증상의 환자를 치료하는 '생활치료센터'가 만들어질 수 있었다. 이는 치료병상 부족과 의료 부담을 줄여주었다는 점에서 코로나19 대응 과정에서 혁신적인 사례로 꼽을 수 있다. 그렇다고 생활치료센터가 모든 감염병 대응에 유용할 것이라고 기대하기는 어렵다. 대부분의 환자가 중증으로 발전하거나 치명률이 높은 감염병일 경우 생활치료센터는 활용할 수 없다. 코로나19의 특징과 맞물려 유용했다.

하지만 코로나19는 그렇게 만만한 상대가 아니다. 무엇보다도 전세계적 대유행이라는 점에서 우리나라만의 경험이던 2015년 메르스 유행과는 차원이 다르다. 피해규모를 보더라도 2021년 3월 초 현재 전세계적으로 1억 명 이상의 감염자가 발생했고 255만 명이 넘는 사망자가 발생하는 등 막대한 인명 피해가 이어지고 있다.

감염병 확산을 방지하는 과정에서 어려운 점도 있다. 코로나19는 무증상 감염자인 경우 본인이 증상을 자각하지 못하는 사이 다른 사람에게 감염을 확산시킬 수 있다는 특징이 대표적이다. 이른바 '깜깜이 감염환자'로 불리는 경우로 감염경로를 밝힐 수 없는 감염자가 늘어나는 점도 이런 특징에 때문이다. 코로나19의 집단감염 예방이나 감소가 어려운 이유다.

'K방역' 성공 비결의 원천

지금까지 전염병과의 싸움을 통해 인류가 획득한 방안은 보통 치료제나 백신, 의료장비를 활용한 의료적 접근에 의한 방법과 조기 발견, 격리, 소독, 이동제한, 사회적 거리두기 강화 등을 통해 감염 확산을 방지하는 '비의학적 방법'을 활용할 수 있다. 우리나라가 대응하는 방법도 크게 다르지 않다. 의학적, 비의학적 방법 등 활용가능한 모든 방법을 동원했다. 다행히 현재까지는 다른 나라에 비해 성공적인 방역을 유지하고 있다. 그 비결을 세부적으로 보자면 적극적인 검사역량과 체계(Testing), 공세적인 접촉자 추적과 격리(Tracing), 환자 분류와 병상 확보(Treatment)를 기본으로 시민의 협조와 참여의식, 정보통신기술 발달과 활용 등 요인을 덧붙일 수 있다.

그러나 우리나라 방역 모델이 주목을 받는 것은 기존 방역 모델과 다소 차이점을 갖기 때문이다. 기존 대응 전략은 감염병이 지역사회에서 유행하는 상태와 전파속도를 낮춰 보건의료체계가 감당할 수 있는 수준으로 '완화(mitigation)'하는 것을 목적으로 했다면 2020년 'K-방역'은 확진자를 중심으로 넓은 범위에서 접촉자를 분류하고 적극적으로 검사해 확진자를 신속하게 발견해 격리함으로써 감염 확산 규모를 최소화하는 '공세적 억압 전략'이다.

이러한 공세적 감염병 대응 체계는 다른 나라가 아닌 우리나라에서 어떻게 만들어지게 된 것일까. 이는 역설적이게도 한국 만이 2015년 메르스 유행을 경험했기 때문이다. 전세계에서 중동지역 이외의 다른 나라에서는 대규모로 유행한적 없는 메르스 유행 경험을 우리나라에서 경험하며 교훈을 얻었기 때문이다.

2015년 5월 20일 메르스 환자가 국내에서 처음으로 신고된 이후 당시 박근혜 정부는 안일하고도 뒤늦은 대응으로 비판을 받았으며, 정보공개를 거부하고 투명하지 못한 태도로 신뢰마저 잃고 있었다. 서울시는 이를 비판하며 감염병 대응 원칙을 세웠고 이것이 2020년 현재에 와서 상식화되면서 시스템으로 녹아들게 됐다. 2015년 메르스 대응 당시 감염병 대응 원칙은 다음과 같은 이른바 '박원순 어록'으로 정리할 수 있다.

첫째, "늑장대응보다 과잉대응이 낫다."신속하고 과감한 대응을 강조하는 의미로 사실상 코로나 대응 과정에서 제1원칙처럼 적용됐다.

둘째, "정보공개와 투명성이 특효약이다."투명한 정보공개로 정부에 대한 신뢰를 높여 시민의 참여를 이끌어 내야 한다는 원칙을 강조한다.

셋째, "세계 시민이 정보를 공개하고 공유하면 어떤 감염병이라도 극복할 수 있다." 신종감염병 출현에 대응해 국제 연대와 정보공유 필요성과 중요성을 강조한다.

감염병 위기 대응에 빛난 공공의료

코로나19 감염병 대응 과정에서 공공의료 중요성과 의미는 여러 차례 주목 받았다. 실제 공공의료기관 활약도 두드러지게 나타난다. 서울시 상황으로 보면 올해 3월 초 기준 총 1,854개 병상을 코로나19 치료병상으로 운영하고 있는데, 이중 6개 시립병원(서울의료원·보라매병원·서북병원·서남병원·북부병원·동부병원)이 947개로 전체의 절반을 넘는다. 시립병원 외 907개 병상 중에서도 국립의료원, 적십자병원 등 국공립병원이 제공한 병상은 537개로 공공병원이 제공한 병상은 전체의 80%인

1,484병상이나 되었다.

또한 지난해 1월 20일 국내 첫 환자 발생 이후 올해 3월초까지 선별진료소에서 이루어진 검사량은 모두 230만 건 정도인데 이중 170만 건이 보건소에서 이루어졌다. 3건 중 2건을 보건소가 담당한 셈이다.

이처럼 서울시 공공보건의료가 톡톡히 제 몫을 수행한 것은 2015년 메르스 경험 이후 매년 1천억 원 수준으로 꾸준히 공공의료에 투자했기 때문이다. 음압치료병상 확충 등 감염병 대응 역량을 확충하기 위한 투자도 이어졌으며 감염병 대응 거버넌스 역량 강화를 위해 서울시 산하에 시민건강국이 독립 기구로 출범('15년 7월)했다. 서울시립대 도시보건대학원('18년 1월)과 서울시 공공보건의료재단('17년 9월)도 만들어졌다. 이런 힘이 모여 2020년 코로나19 대응에서 빛을 본 것이다.

서울시의 투자는 현재진행형이다. 코로나19 대응 과정 중인 2020년 9월 서울시 시민건강국 산하에 '감염병연구센터'와 '역학조사실'을 설치해 감염병 대응 역량을 보충했다. 2021년 예산에는 서울의료원에 감염병 치료 응급병상을 갖춘 '서울 동북권역 응급의료센터'를 준공하고 보라매병원에는 '안심호흡기전문센터'를 설치하기 위한 예산을 반영했다.

그러나 공공보건의료 역량을 확충하기 위해서는 더 근본적 차원에서 인식 변화와 추진전략 변화가 필요하다. 무엇보다 공공보건의료를 평상시 고령인구에 대한 서비스 제공과 건강 및 의료격차 해소를 위한 역할을 담당하고 감염병과 같은 재난이나 위기 상황에서 시민 건강과 생명을 지키기 위해 가장 앞장서는 역할을 담당하는 전략 자원으로 인식해야 한다. 이를 위해 서울시 권역을 나누어 거점종합병원으로 시립병원을 성장시키기 위한 중장기적 투자가 필요하다. 특히 지역 책임을 맡을 거점 종합병원으로서 중증환자 치료 역량을 강화하고 재난시 공공의료 역할을 수행할 수 있도록 개선해야 한다.

덧붙이자면 공공의료 인프라 확충과 함께 공공의료에 종사할 실력있고 소명의식을 갖춘 의료인을 양성, 확보하기 위한 계획을 세우고 투자해야 한다. 보건의료는 아무리 인프라가 잘 갖추어져 있더라도 좋은 의료인력이 뒷받침하지 못하면 아무런 의미가 없다는 점을 기억해야 한다.

최근 서울시 공공보건의료재단이 보건소 선별진료소 이용자를 대상으로 한 설문조사(서울시내 20개 자치구 보건소 이용 대상자 6,763명 대상)에서 공공보건의료기관 역할의 중요성을 묻는 내용에 62.3%가 '매우 중요하다', 30.9%가 '중요하다'고 응답했다. 코로나19 대응 과정에서 시민은 공공의료의 중요성과 의미를 더욱 높게 인식하는 계기가 됐다. 이제는 더 과감한 투자로 시민에게 안전을 보장하고 일상을 지키는 힘으로 보답해야 한다.

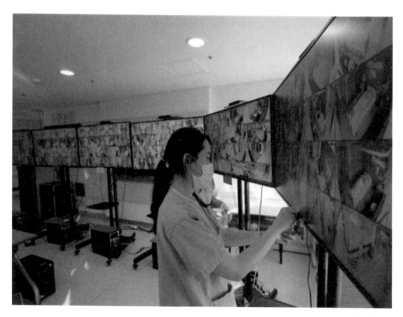

ⓒ 서울시

'건강하고 안전한 도시'를 향하여

많은 생태학자들은 코로나19와 같은 신종감염병이 발생하게 된 근본적인 원인은 개발이란 이름으로 자행되는 인류의 무분별한 자연 파괴 때문이며, 이를 멈추지 않는다면 신종바이러스의 위협은 계속될 수밖에 없다고 경고한다. 최재천 교수도 한 언론 인터뷰에서 "신종감염병은 계속될 것이며, 그 주기도 짧아질 것"으로 예측했다.

전망이 불투명하고 어둡지만 새로운 사회를 열어가는 계기로 연결하면 희망을 발견할 수 있다. 여기서 '새로운 사회'는 건강과 생명, 생태, 안전이 결합된 도시를 만들어 가는 것을 의미한다.

거시적으로는 자연생태 보전과 기후변화에 대한 대응을 기본으로 건강정책과 연계해 전지구적 건강을 의미하는 'One Health'를 향하고, 미시적으로는 전세계적 감염병 동향을 살피고 재난 대응을 위한 전략적 역량으로 공공보건의료를 강화하는 가운데 감염병에 안전한 '돌봄서비스'를 개발하고 학교·음식점·가정·복지관·병원·요양원 등 생활 모든 공간을 안전하게 만들기 위한 노력으로 시민의 일상을 지킬 힘을 길러야 한다. 문재인 정부가 추진하는 '생활 SOC'개념으로 '포스트코로나 생활SOC'를 이해할 수 있다. 모든 생활시설, 복지시설, 문화시설을 감염병으로부터 안전한 공간으로 만들기 위한 정부 투자를 위해 필요하다.

2015년 메르스 경험이 감염병 위기에 대한 원칙을 세우고 공공의료를 중심으로 한 대응력을 강화하도록 교훈을 주었다면 2020년 코로나19는 모든 일상의 변화를 요구한다. 더 '건강하고 안전한 도시'를 향해 지난 10년을 넘어 서울시 혁명은 계속 돼야 한다.

제4장

지속가능한 도시
— 서울

원전하나 줄이기부터
그린뉴딜까지

2011년은 유독 기후변화와 환경, 에너지 관련 사고가 끊이지 않았다. 1월 밀양 송전탑 건설 반대 주민이 분신을 했고, 3월엔 동일본 대지진으로 후쿠시마 원자력 발전소가 폭발하면서 원자력 안전 문제가 급부상했다. 7월에는 급작스러운 집중호우로 우면산 산사태가 발생해 시민을 놀라게 했으며 12월에는 노원구 주택가 도로 아스팔트에서 방사능이 검출돼 '방사능 아스팔트' 논란도 불거졌다.

그 해 11월 박원순 서울시장이 보궐선거를 통해 서울시정을 맡았다. 첫 번째 공약은 보궐선거에 직접적인 영향을 준 '친환경 무상급식'이었지만 환경, 에너지 문제에도 집중하기 시작했다. 박원순 서울시장은 곧바로 메가시티 서울의 에너지 전환 정책을 추진했고 이듬해 4월 서울 시내버스 승차문과 가판대 곳곳을 장식한 표어를 세상에 내놨다.

'함께 아낀 에너지, 함께 줄인 원전 하나'

통칭 '원전 하나 줄이기'로 불리는 이 정책은 에너지 소비 도시 서울을 절약과 재생가능 에너지 생산을 통해 원전 1기에 해당하는 에너지를 줄인다는 계획을 세웠다. 당시에는 정책 이름만으로도 화제가 됐다. 당시 이명박 정부가 원전을 '녹색성장의 힘'으로 홍보하며 확대정책을 유지할 때라 더욱 그랬다.

도시의 책임 - 원전 하나 줄이기

원전 하나 줄이기는 서울에서 에너지 사용을 줄여야 다른 지역에 발전소나 송전선로가 덜 들어선다는 점에서 서울의 책임을 강조했다. 원자력에너지는 늘려야 할 것이 아니라 줄여야 한다는 메시지도 담았다. '원전 하나 줄이기'는 시민과 함께 원전 1기(1GW급)가 연간 생산하는 에너지량 약 200만 TOE(TOE, tonnage of oil equivalent, 석유 1t을 연소시킬 때 발생하는 에너지로 환산한 단위. 1TOE는 1000만kcal에 해당)를 대체할 수 있는 구조와 시스템을 만드는 것이다.

원전 하나 줄이기 정책이 만들어지는 과정은 치열했다. 2012년 1월부터 4월까지 서울시와 희망서울 정책자문단, 시민단체가 16차례 걸친 회의를 하면서 세부계획을 만들었다. 실행수단을 꼼꼼하게 점검하는 회의를 수시로 진행하면서 서울시 공무원과 자문단 사이에 격론이 벌어지기도 했다. 지자체가 정책수단으로 활용할 수 있는 것이 마땅치 않았다. 무엇보다 에너지 정책은 중앙정부 역할로 여겼던 공무원이 정책 추진을 힘들어 했다. 당시만 하더라도 이명박 정부에서 원전 확대 정책을 펼치고 있어서 정책명을 '원전 하나 줄이기'로 정하는 것에도 찬반이 분분했다. 결국 정책명은 박원순 서울시장이 최종 사인하고 나서야 확정됐다. 어렵사리 마련한 초안을 들고 청책 워크숍과 시민대토론회를 열어 시민과 논의했다.

원전 하나 줄이기 정책에는 2011년 2.95%였던 서울의 전력자급률을 2014년까지 5%로 높이고 2020년까지 20%로 높인다는 목표도 제시했다. 10대 핵심 사업으로는 ①도시 전체가 태양광 발전소인 햇빛도시 건설 ②수소연료전지 활용 '주요시설 에너지 자립' 확보 ③건물 에너지효율 개선 사업 확대 ④스마트 조명 및 LED 보급 확대 ⑤에너지 저소비형 도시 공간을 위한 컴팩트시티 구축 ⑥신축건물 에너지총량제 등 설계기준 강화 ⑦카셰어링 활성화 ⑧에너지 분야 녹색 일자리 창출 ⑨시민주도 에너지 절약 실천 운동 전개 ⑩서울시 '에너지재단'설치·운영이 포함됐다. 서울시는 최종에너지 소비의 약 56%를 차지하고 전력 소비의 83% 가량을 차지는 가정과 상업 부문을 중심으로 10대 정책을 구성했다.

계획을 수립하면서 민·관협력 거버넌스 조직을 동시에 구성했다. 기업·학계·문화계·종교계·교육계·시민사회 인사들로 원전 하나 줄이기 시민위원회와 실행위원회를 구성했다. 특히 실행위원회(현 에너지정책위원회)는 수요관리-효율-생산-공동체-소통 등 분과위원회를 구성해 분과별로 한 달에 한 번 회의를 열어 추진 상황을 점검하고 집행 과정에서 발생한 문제를 함께 해결하는 역할을 톡톡히 했다. 기후환경본부에서 에너지행정 조직이 강화됐는데 원전 하나 줄이기 총괄팀, 녹색에너지과, 에너지시민협력과를 신설하고 인력과 예산을 편성해 실행에 들어갔다.

2014년 8월 서울시는 원전 하나 줄이기 1단계 사업을 마무리하면서 2단계 사업인 '에너지살림도시 서울' 정책을 시작했다. 1단계 목표를 계획보다 6개월 앞당긴 2014년 6월 성공적으로 달성한 이후 2단계 사업으로 ▲2020년까지 전력자립률 20% 달성 ▲원전 2기에 해당한 400만 TOE 절감 ▲온실가스 1,000만 톤 감축이라는 더 과감한 목표를 설정했다. 2단계

사업 계획수립은 실행위원회가 중심이 됐으며, 소셜 픽션, 청책토론회, 온라인 설문조사 등을 통해 시민 의견을 수렴했다.

원전 하나 줄이기 2단계 핵심가치는 자립·나눔·참여로 서울의 에너지를 알뜰하게 살림하겠다는 의미와 시민의 삶과 환경을 살리고 타 지역 주민과도 함께 살겠다는 의미를 담았다. 2단계 사업은 시민이 에너지 생산에 적극 참여하도록 하고 '서울에너지공사'를 설립해 에너지정책의 실행력을 높였다.

원전하나줄이기
'19년까지 총 에너지
생산·절감량 598만 TOE 달성

서울의 약속 - '05년 대비' 19년
온실가스 202만톤 감소[추정치]

태양의 도시, 서울
누적보급용량은 250.1MW로
목표대비 70% 달성

[그림] 서울시의 대표적 에너지 정책

에너지시민이 사는 도시 서울

에너지살림도시 7년('14.7~'20.9)의 성과는 에너지(448만 TOE)를 생산·절감하고 전력자립률을 13.5%('20.1~8월 기준)로 끌어올렸으며 온실가스 1,026만 톤 CO_2를 줄였다. 2017년 '태양의 도시, 서울' 정책을 발표한 이후 태양광 누적 보급용량은 250.1MW에 달한다. 시민들은 에코마일리지에 가입하고 BRP사업으로 집수리 단열개선공사를 하는 데 저리로 대출받을 수 있으며 집집마다 미니태양광을 설치해 사용하는 전기 일부를 직접 생산해서 사용한다. 에너지자립마을 활동을 하거나 태양광펀드에 가입해 수익을 얻을 수 있고 다양한 에너지교육에 참여한다. 에너지전환을 위해 스스로 미니태양광을 설치하고 에너지협동조합의 조합원이 돼 활동하는 '에너지시민'의 등장은 이 사업의 가장 빛나는 성과다.

원전 하나 줄이기 정책에서 시민참여는 '에너지자립마을'에서 꽃을 피웠다. 동작구 성대골 주민은 절전소 운동에서 시작해 집수리 단열사업을 하는 협동조합 '마을닷살림'을 만들기도 했다. 플러그를 뽑고 LED 등으로 교체하는 것에서 한 단계 더 나아가 주거와 에너지를 연결해야 한다는 생각을 했던 것이다. 성대골 주민들은 옛날식 표현을 살려 협동조합 사무실을 '에너지슈퍼마켓'으로 만들었다. 마을에너지 활동가 공간으로 활용하면서 뽁뽁이, LED, 태양광 충전기, 햇빛 음식물 건조기, 멀티탭, 미니 태양광까지 에너지를 절약하는 슈퍼마켓을 만든 것이다. 최근에는 성대골에너지협동조합을 만들어 수요자원(DR), 태양광발전, 에너지저장장치(ESS)를 연계해 가상발전소를 만들고 소규모 전력거래 시장에도 참여한다.

성북구 석관동 두산위브아파트는 에너지자립마을사업에 참여해 3년간 에너지절약으로 아낀 4억 원을 아파트 경비원 임금을 19% 인상하는 재원으로 사용했다. 입주민은 각 가정에서 냉장고 온도 변경, 에어컨 코드 뽑기, TV절전 모드, 셋톱박스 전원 끄기로 생활 불편은 최소화하면서 전기소비를 줄였다. 1,000여 가구가 절전에 동참해 아낀 전기요금만 연간 1억 원이다. 지하주차장을 LED로 바꾸고 급수펌프를 고효율 장치로 교체해 공용 전기요금을 연간 2억 원 가까이 아꼈다. 그렇게 줄인 돈으로 경비원 고용을 보장하고 임금을 올리면서 상생하는 모델을 만들었다. 서울에는 이 같은 에너지자립마을 공동체가 100여 개 가량 활동한다.

서울에서 시작된 에너지 전환과 생태환경 정책

지난 10여 년 동안 한국사회에서는 신규 원전과 석탄발전소를 둘러싼 갈등, 밀양송전탑 건설과 같이 중앙집중식 에너지 정책이 불러일으키는 환경 문제와 사회 갈등이 심화되면서 에너지 분권을 요구하는 지자체 목소리가 높아졌다. 서울시가 시작한 원전 하나 줄이기는 '나비효과'를 일으켜 다른 지자체의 변화를 이끌어 내고 중앙정부 정책을 바꿨으며 멀리 해외도시에도 영향을 미쳤다.

서울시가 '원전 하나 줄이기' 사업을 펼치면서 지자체가 에너지 정책을 수립하고 이를 실행에 옮기며 수요 관리를 할 수 있다는 것을 보여주었다. 미니태양광, 서울형 발전차액 지원제도, 소규모 태양광 발전 사업자를 돕기 위한 임대료 개선 정책, 에너지자립마을, LED 절전 차액 지원제도 등 서울시 에너지정책이 타 지자체로 확산됐다.

2015년 11월 24일, 서울특별시·경기도·충청남도·제주특별자치도 단체장이 '지역에너지전환' 공동선언을 했다. 4개 광역지자체장이 한곳에 모여 에너지분권 필요성을 강조하면서 협력하겠다는 것은 한국 지역에너지정책에서 중요한 사건이었다. 공동선언문은 핵발전과 석탄화력발전에 반대 입장을 명확히 하고 지자체 에너지정책 집행 권한이 강화돼야 하며 분산형 에너지가 확대돼야 한다는 내용을 담았다. 서울시를 포함해 경기도 '에너지 비전 2030', 제주특별자치도 '2030 카본프리 아일랜드', 충청남도 탈석탄 정책을 발표하면서 전국의 지역에너지 정책을 선도했다.

2017년 출범한 문재인 정부는 탈핵과 에너지전환을 선언했다. 국가차원에서 안전하고 깨끗한 에너지로의 전환을 추진하게 됐는데 이는 2016년 9월 12일 경주에서 발생한 지진 영향이 컸다. 국내 지진관측 이래 가장 강력한 리히터 규모 5.8의 지진으로 인해 한반도가 더 이상 지진 안전지대가 아니라는 사실을 확인하면서 원전 확대 정책을 백지화하고 재생가능에너지를 중심으로 하는 에너지전환에 본격 나선 것이다. 서울시의 원전 하나 줄이기 정책은 대만으로도 전파돼 대만의 에너지 전환 정책에도 상당한 영향을 미쳤다.

에너지 정책만이 아니라 2019년 전국적인 문제로 대두된 미세먼지 대책도 서울시가 중앙정부를 선도해나갔다. 서울시는 2019년 12월부터 2020년 3월까지 전국 지방자치단체 최초로 미세먼지 종합대책인 '미세먼지 계절관리제'를 시행했다. 배출가스 5등급 차량의 도심 운행제한과 공공기관 차량 2부제 등을 시행했는데 코로나19에 따른 에너지 소비 저감 효과가 있기는 했지만 전년 동기 대비 초미세먼지(PM2.5) 평균 농도가 35㎍/㎥에서 28㎍/㎥으로 20% 감소했다. 미세먼지가 심한 계절에 집중 대책을 수립하는 서울시의 계절관리제는 정부 정책에 반영돼 봄철 석탄발전소 가동 중지로 이어졌다.

광역지자체 최초로 수립한 탄소중립 '그린 뉴딜'

2018년 기후변화에 관한 정부간 협의체(IPCC)의 1.5°특별보고서를 계기로 1.5°목표를 달성하기 위한 더 적극적인 기후위기 대응이 국제사회 이슈로 떠올랐다. 그레타 툰베리의 청소년 기후행동과 영국의 멸종저항 운동이 이어졌다. 기후변화대응을 약속한 세계 40개 대도시의 모임인 C40의 멤버인 서울시에서도 도시의 기후위기 대응 정책을 수립할 필요성이 대두됐다. 서울시는 이미 의장도시로서 2015년 자치단체국제환경협의회(ICLEI) 세계 총회를 개최하면서 '기후변화 대응을 위한 서울의 약속'을 발표해 2030년까지 2005년 대비 온실가스 배출량을 40% 감축한다는 목표를 세우고 실행에 옮겼다.

서울의 온실가스 배출량은 2017년 기준 2005년 대비 5.6% 감소했지만 목표 달성에는 부족한 수준이다. 다만 같은 기간 국가 온실가스 배출량이

<table>
<tr><td>국가 온실가스 배출(천톤)</td><td>서울시 온실가스 배출(천톤)</td></tr>
</table>

26% 증가한 것을 감안하면 서울의 노력은 높이 평가할 만하다.

서울시는 2019년부터 기후행동포럼을 구성해 2050년까지 탄소순배
출 제로를 목표로 하는 그린 뉴딜 정책을 계획했다. 서울시는 2020년 7월
8일 그린 뉴딜을 통한 2050년 넷 제로 온실가스 감축 계획을 발표했다. 온
실가스 배출의 68.2%를 차지하는 건물에 집중했다. 경로당·어린이집·
보건소 등 취약계층이 많이 이용하는 노후 공공건물 241개소부터 '그린 리
모델링'을 시작하기로 했다. 2021년부터 연 면적 1천㎡ 이상인 시 공공건
물에 대해서는 건물의 온실가스 배출량을 제한하는 '건물온실가스총량제'
를 도입하고 한국에너지공단과 협력해 건물 부문 감축량 모니터링, 보고,
인증 데이터도 축적하기로 했다. 서울시 그린 뉴딜의 특징은 탄소 중립 달
성을 위해 건물온실가스총량제, 2035년 내연기관 차량 등록 금지, 2025년
생활폐기물 직매립 제로화 같은 제도개선을 병행한다는 점이다. 서울시는
개정 대상 주요법령을 '그린 5법'(녹색건축물조성지원법, 에너지이용합리
화법, 자동차 관리법, 대기관리권역의 대기환경개선에 관한 특별법, 환경
친화적 자동차의 개발 및 보급촉진에 관한 법률 등)으로 정리해 관계부처
에 개정건의안을 제출했다.

전환도시 서울의 숙제

박원순 서울시장은 2019년 전환도시 포럼에서 '생태문명사회 대전환'을 발표한 이후 서울을 포함한 한국 사회를 생태적으로 지속가능한 사회로 만들기 위한 대전환 필요성을 역설했다. 이에 기후환경본부를 중심으로 '그린 뉴딜'을 계획하고 혁신기획관을 중심으로 '전환도시' 밑그림을 그렸다. 앞으로 도시는 온실가스를 획기적으로 줄이는 것이 첫 번째 목표가 돼야 하며, 그런 도시가 윤리적이고 안전한 도시가 될 것이라고 강조했다.

> "포스트코로나 시대로 가는 문명대전환의 기로에서 오늘 저는 티켓 한 장을 들고 이 자리에 섰습니다. 바로 '서울판 그린뉴딜'이라는 미래행 티켓입니다. '서울판 그린뉴딜'은 탈탄소 경제사회로의 대전환을 통해 '기후위기 대응'과 '불평등 해소', '녹색일자리 창출'을 동시에 달성하는 담대한 미래 전략입니다. 목표는 2050년까지 탄소배출 제로 도시를 만들어 지구 온도를 낮추는 것입니다."
>
> - 박원순 서울시장, 2020년 7월 8일 -

박원순 서울시장은 2020년 7월 8일 서울판 그린 뉴딜 기자회견에서 그린 뉴딜을 '우산 정책'으로 삼아 건축·교통·에너지·자원순환·공원 정책을 추진한다고 밝혔다. 건축 부문에서 온실가스 총량 제한, 에너지소비 증명제 강화, 건설 일용직 노동자 주휴수당과 사회보험료 지원 정책을 동시에 펼치는 방식으로 온실가스 감축과 사회안전망을 연계했다. 또한 지방자치법이 개정되면 5부시장 체제를 도입해 그린 뉴딜 추진체계로 기후부시장을 신설하려고 했으나 부시장 직무대행체제로 전환되면서 기후부시장은 기후환경에 대한 정책의지의 상징으로만 남게 되었다.

문재인 정부는 2020년 7월 14일, 한국판 뉴딜 종합계획에 그린 뉴딜을

박원순 서울시장은 2020년 7월 8일 서울판 그린 뉴딜 기자회견에서 그린 뉴딜을 '우산 정책'으로 삼아 건축·교통·에너지·자원순환·공원 정책을 추진한다고 밝혔다.

© 뉴스1코리아

담아 발표했다. 10월 28일에는 대통령이 국회 시정연설에서 2050년 탄소중립 목표를 선언했다. 서울시는 수도라는 위상에 걸맞게 미래를 내다보고 중앙정부보다 먼저 정책을 마련하고 실행에 옮기는 역할을 했다. 에너지전환, 녹색도시, 기후위기 대응, 전환도시 등 서울은 다양한 실험을 지속했다. 서울시의 전환 노력은 박원순 서울시장의 선도적인 리더십과 시민 참여적 거버넌스에 기초한 의사결정, 사회 변화를 위해 스스로를 변화시켜나가는 에너지 시민의 성장과 참여, 실천 덕분이었다.

원전 하나 줄이기에 이어 '서울판 그린 뉴딜'이라는 미래형 티켓이 서울시민의 손에 쥐어졌다. 지속가능한 탄소중립사회를 향해 가는 기차는 이미 출발했다. 그린 뉴딜은 기후위기에 절박한 이들의 희망이며 생존대안이다. 적극적인 시민 참여로 성공해야 한다.

도시전환을 위한 사회혁신, 도시 풍경을 바꾸다

시민과 함께 사회적 난제를 푸는 사회혁신

소셜 디자이너. 박원순 서울시장이 시장이 되기 전 스스로를 부르던 말이다. 희망제작소 홈페이지에는 소셜 디자이너를 이렇게 설명한다. "가지 않은 길을 가는 사람이다. 좀 더 자세히 설명하자면 창의적이고 실사구시(實事求是)적인 방식으로 사회를 혁신해나가는 공공리더를 지칭한다." 그는 한국에 제일 먼저 사회혁신이 무엇인지를 소개하고 어떤 일을 할 수 있는지 희망제작소를 통해 보여주었다. 시민 누구나 제안할 수 있는 작은 아이디어가 실험과 협업을 통해 가치를 증명하면 큰 변화를 만들 수 있다는 신념은 우리가 현재 누리는 많은 일상을 바꾸어 놓았다. 지하철 높낮이가 다른 손잡이는 '사람 키는 다른데 왜 손잡이 높이는 같을까'라는 너무나도 당연한 질문에서 시작했다. 임산부 배려 캠페인 "내 안에 아기가 타고 있어요"를 통해서는 지하철과 버스에 임산부 배려석을 만들었다.

고용 없는 성장과 4차 산업혁명으로 인한 일자리 감소는 불평등을 가속화시키고 있다. 생태계 한계를 고려하지 않는 성장은 기후위기로 모순을 드러내며 인류의 존재기반을 위협한다. 일자리와 소득 감소, 저출생과 고령화로 인한 돌봄 공백은 정부 재정으로 메꾸기 어려울 만큼 커지고 있다. 이러한 상황에서 등장한 사회혁신 담론은 막대한 공공재정투입이나 시장 개입에도 불구하고 왜 문제가 더 악화되는지에 대한 답을 찾는 과정에서 시작됐다. 2009년 미국 오바마 정부가 출범하면서 '사회혁신과 시민참여' 부서를 백악관에 설치하고 유럽연합(EU)이 2010년 유럽의 새로운 발전전략을 담은 「유럽2020보고서」를 통해 사회혁신을 새로운 성장동력으로 다루면서 국가수준에서 사회혁신 정책이 주목을 받았다.

정부 입장에서 보면 사회혁신은 공공재화와 서비스를 시민사회와 함께 창조하고 생산하는 모델이다. 복잡하고 연결된 사회적 난제를 정부·기업·시민사회의 다양한 주체와 협업하고 거버넌스를 조직해 해결하는 일련의 과정이다.

박원순 서울시장은 2012년 1월 국내에서 처음으로 사회혁신전담조직인 서울혁신기획관을 신설하였다.

2017년 5월 출범한 문재인 정부는 사회혁신수석실을 신설하고 2017년 9월 행정안전부 산하에 사회혁신추진단을 발족함으로써 문재인 정부의 핵심 아젠다로 '사회혁신'을 공식화 하였다. 사회혁신수석실은 2018년 6월 폐지되었지만 사회혁신추진단은 2019년 정부조직개편을 통해 행정안전부 자치분권실 지역혁신정책관 산하 3개과로 전환하였고 서울에 이어 경남과 울산에서 사회혁신 전담조직이 만들어졌다. 혁신생태계도 전국적으로 확산되고 있는데 광주·충북·대전 등 8개 지자체에 사회혁신 협업 거버닝스인 지역문제해결 플랫폼이 구축됐고 전주·춘천·대구 등 5개소에 거점별 소통협력공간을 마련하고 사회혁신센터를 통해 지역혁신생태계 구심 역할을 하고 있다.

사회혁신 생태계를 조성하다

서울혁신기획관의 초기 사업은 마을공동체와 혁신생태계를 조성하는데 집중됐다. 2012년 추진한 경제·문화·환경·주거·복지 등 각 분야 마을 공동체 사업이 35개나 되는데 가장 큰 특징은 많은 부서에 마을공동체 사업을 하도록 독려했다는 것이다. 에너지 자립마을(녹색에너지과), 안전마을(행정과), 한뼘 마을공원조성(공원녹지정책과), 건강친화마을(건강증진과), 마을부모커뮤니티 활성화(여성가족정책담당관)처럼 각 부서에 다양한 마을공동체 사업을 접목했다. 또한 마을기업을 통해 지역기반의 새로운 일자리와 경제가 순환하는 모델을 만들고자 했다. 작은도서관·북카페·청소년 휴카페 등 주민문화 인프라를 마을공동체 주민 이용 공간으로 조성하면서 커뮤니티 활성화도 지원했다. 마을공동체 사업 1단계 성과는 광역과 자치구에 마을공동체 활동을 지원하는 마을공동체지원센터 설립, 13만 명의 마을공동체사업 참여자, 331개소의 주민주도 공동체 공간과 9개 마을활력소 조성 등으로 마을공동체 생태계가 만들어진 것이다. 2차 마을기본계획(2018-2022)년이 추진되는 과정에서는 동 단위 근린정책과 주민 자치력 향상을 적극적으로 연계했다. 주민총회를 통해 구석구석 마을에 필요한 일을 찾아 동단위 마을계획으로 결정하는 경험을 확산하고 대표성과 개방성을 강화한 서울형 주민자치회를 구성하며, 주민자치회에 주민세 개인균등분을 환원하는 등 재정적 기반을 뒷받침하면서 주민이 세운 계획이 실행까지 나아갈 수 있도록 지원하였다.

2013년에는 질병관리본부가 오송으로 이전한 뒤 남겨진 3만평 부지에 새로운 사회적 가치를 창출하고 혁신 허브역할을 할 서울혁신파크 조성계획을 발표했다. 2015년 6월 문을 연 서울혁신파크는 사람의 질병을 치료하는 곳에서 사회의 질병을 치료하는 곳이라는 모토로 2020년 말 현재 혁신기관 230여개, 중간지원조직 10개, 사회혁신가 1300여명이 활동하는 곳이 됐다. 음식물 찌꺼기로 바이오 연료를 만들거나 태양열을 이용한 오븐기 등 환경에 미치는 영향을 최소화하고 지역사회 공동체 구성원이 다룰 수 있는 적정기술을 개발하는 조직, 자선이나 기부 혹은 영리적 목적만을 위해 투자하는 것이 아니라 사회적 가치에 투자하는 사회적 금융기관, 잡지 판매 수익으로 노숙인 자립을 돕는 새로운 비즈니스에 도전하는 사회적경제 기업, 난민의 경제, 사회적 지위향상을 위해 노력하는 인권단체, 비영리단체와 사회적 경제조직을 지원하는 회계·노무·법률지원기관 등 새로운 가치와 방법으로 사회적 문제를 해결하는 혁신생태계 집적지로 진화하고 있다. 1단계 조성공사를 마무리한 서울혁신파크는 2020년 1월 서울연구원과 시립대 은평혁신캠퍼스, 글로벌 사회혁신 오픈캠퍼스 조성을 통해 교육·연구·혁신현장이 함께하는 2단계 글로벌 사회혁신 클러스터로 도약을 선언했다. 서울혁신파크는 도시전환을 위한 창의적 시민의 글로벌 생산기지로서 새로운 여정을 준비하고 있다.

실험하는 도시 - 생활실험실 리빙랩

무엇보다도 사회혁신은 실험을 장려한다. 시민이 살아가는 삶의 현장을 실험실로 삼아 일상생활 문제를 새로운 기술, 서비스로 개발하고 검증하면서 혁신적인 해결책을 도출하는 과정을 필요로 하기 때문이다. 이러한 맥락에서 '생활 실험실'로 불리는 다양한 리빙랩 사업이 추진됐다. 국내 최초의 에너지 리빙랩을 4년째 운영하는 성대골 에너지 전환마을은 리빙랩의 특징을 가장 잘 보여준다. 후쿠시마 원전 사고로 에너지 문제에 깊은 관심을 갖게 된 마을주체들이 에너지 절전소, 에너지 반상회, 에너지 슈퍼마켓 등 에너지와 기후변화 대응 활동을 하던 중 리빙랩 프로젝트를 시작했다. 이 과정에 참여한 49명의 마을연구원은 옥상거치형 미니태양광 DIY 키트를 개발하고 동작신협과 함께 태양광을 설치한 후 줄어든 전기요금으로 태양광 설치 대출금을 갚을 수 있는 우리집 솔라론 금융상품을 출시했다. 이러한 활동을 기반으로 산업통상자원부의 '지역 에너지신산업 활성화 사업'에 지원해 마을 소규모 태양광발전소와 에너지저장장치(ESS)에서 나온 전기를 전력거래소에 판매하는 계획을 추진 중이다. 에너지 절약과 태양광 설치로 시작한 마을활동이 리빙랩을 거치면서 전기를 공급받아 사용하고 이용료를 납부하던 에너지 소비자가 가상발전소를 구축해 마을에서 생산하고 사용해 남는 전기를 팔아서 수익을 얻는 에너지 생산자로 나서게 된 것이다.

서울지역 최대 난제로 꼽히는 주택가 골목길 주차난 해법을 시도한 금천구 독산4동의 행복주차주민위원회 활동도 흥미롭다. 거주자우선 주차구역을 없애고 골목길 주차공간을 여럿이 공유하고자 하는 시도였는데 우선 시흥대로 126길 골목에 자리한 주차공간 14면을 대상으로 실험했다. 주민설명회를 통해 주차장 공유실험에 참여할 주민을 모집했고 주차구역마다 차량감지센서를 설치하고 골목 입구에 전광판을 설치해 비거주자 차량의 골목길 진입을 억제했다. 또한 저녁시간에는 거주자우선 주차구역을 배정받은 사람들끼리 자신이 배정받은 자리가 아니어도 비어있는 자리면 어디든 차를 댈 수 있도록 했다. 전국 최초 민간공모직 동장·동주민센터, ·주민자치위원장·통장·기술력을 가진 민간기업·교통전문가 등으로 민관산학협력체계를 구축한 100일간의 실험을 통해 골목을 드나드는 차량이 30% 가량 줄고 골목에서 '사방치기' 놀이를 하는 아이들이 생겨났다.

공유시간에 따라 거주자 우선 주차장 배정시 가점을 부여하고 민간 기업 공유플랫폼을 연계한 거주자 우선주차장 공유사업은 2019년말까지 전체 거주자 우선 주차장 12만면의 약 23%인 27,922면으로 확산했다. 주차장 1면을 만드는데 필요한 비용이 최소 5천만 원임을 감안하면 경제 효과는 1조3,500억에 달한다. 공유 시간에 따라 거주자 우선 주차장 배정시 가점을 부여하고 민간 기업 공유플랫폼을 연계한 거주자 우선주차장 공유사업은 2019년말까지 전체 거주자 우선 주차장 12만면의 약 23%인 27,922면으로 확산했다. 주차장 1면을 만드는데 필요한 비용이 최소 5천만 원임을 감안하면 경제 효과는 1조3,500억에 달한다.

도시가 공유의 인프라가 되다

한국에서는 마을마다 서로의 노동을 나누는 전통인 품앗이나 아나바다 운동처럼 아껴 쓰고, 나눠 쓰고, 바꿔 쓰고, 다시 쓰는 실천이 있었다. '공유'가 세계적으로 주목받게 된 것은 과잉생산과 소비가 환경문제를 초래하는 상황에서 차량공유서비스 우버, 숙박공유서비스 에어B&B, 사무실공유서비스 위워크 같은 플랫폼 비즈니스가 활성화되면서다. 공유 활동이 혁신이라는 옷을 입고 시장에 등장한 시점이었다. 플랫폼을 기반으로 유휴자원을 공유하는 공유경제모델은 자원낭비나 과잉소비를 최소화하고 새로운 수익과 일자리를 만들 수 있는 모델로 주목 받았다.

2012년 서울시는 공유도시 서울을 선언하고 「서울특별시 공유촉진조례」를 제정해 공유 단체와 공유기업에 대한 행·재정적 지원 근거를 만들고 공유촉진위원회 거버넌스를 구성했으며 1·2차 공유기본계획을 수립했다. 공유도시 서울 정책은 크게 두 가지 방향으로 추진했는데 첫째는 공유 기반을 조성하며 민간의 자생적인 공유 활동을 지원하고 생태계를 조성하는 것이다. 둘째는 서울시가 가진 자원을 시민에 개방·공유해 서울시가 공유 플랫폼이 되도록 하는 것이다. 대표적인 자전거 공유서비스인 공공자전거 따릉이, 공공주차면을 공유주차면으로 제공해 민간 차량 공유 서비스를 촉진한 나눔카, 지역주민과 가끔 쓰는 공구를 공동으로 사용하는 공구도서관, 자치구별 거주자 우선 주차장 공유 등이 빠르게 확산됐다. 뿐만 아니라 주거공간이 필요한 청년과 여유있는 주거공간을 가진 어르신을 연결하는 한지붕 세대공감, 이웃과 지역화폐를 통해 품과 물건을 나누는 서울 e-품앗이, 이웃 주민과 책을 나눠보는 공유서가 등 커뮤니티 기반 공유사업이 추진됐다.

2011년 시에서 생산하는 모든 행정정보는 공공재로서 시민의 알권리가 있다는 선언이 담긴 「열린 시정 2.0」이 발표됐다. '열린데이터 광장'(data. seoul.go.kr)을 구축하고 각종 회의록과 결재문서를 공개했는데 2019년 기준 결재문서 원본공개율이 95.5%다. 공개된 데이터를 이용해 시내버스 막차가 끊기는 시간대에 야간노동자·새벽출근자가 이용할 수 있도록 올빼미 버스를 도입하고 골목상권에 창업하고자 하는 영세소상공인을 위해 빅데이터를 기반으로 골목상권을 분석하는 우리마을 상권분석서비스도 제공한다. 공공공간에 대한 접근성을 높이기 위해 서울시와 구가 소유한 회의실과 교육장 정보를 공개하는 공공서비스 예약사이트(yeyak.seoul. go.kr/main.web)를 운영하고 2020년에는 600여곳의 마을활력소·작은 도서관·동아리방·동네서점·공유주방·마을공방 등 공동체 공간을 검색하고 예약할 수 있는 온라인 플랫폼 공간이음(communityspace.kr) 운영이 시작됐다.

그동안 공유는 단순히 유휴 자원을 함께 나눠 쓰거나 플랫폼 비즈니스가 공유를 새로운 경제로 이끄는 것으로 이해했다. 하지만 공유경제로 각광을 받았던 플랫폼 비즈니스가 얼마나 노동권을 악화시키는지, 호혜적 관계에 기반하지 않은 공유가 어떻게 이윤 동기에 쉽게 포획되는지 드러나고 있다. 뿐만 아니라 그동안 생태계 한계를 고려하지 않은 경제 성장과 삶의 방식이 얼마나 도시 생활에 취약한지를 극명하게 드러낸 코로나19는 도시에서 안전한 삶을 위해서 무엇이 공공재가 돼야 하는지, 어떤 방식으로 공급돼야 하는지를 되돌아보게 만들었다. 2021년 2월 수립된 공유서울 3기 기본계획은 '공유'의 정의를 확장하고 기후위기 대응을 위한 2050년 탄소 순배출 제로를 선언한 서울 추진전략을 뒷받침하기 위한 전략을 담고 있다. 그간의 공유정책이 제도적기반과 공유인식확산, 대표적인 공유사업을 통한 공유생태계 확장에 기여했다면 앞으로의 공유 정책은 필요 자원을 정부와 시민이 함께 협력해 공동으로 생산하고 이러한 유형의 공동생산물(재화·지식·정보·관계·가치·자원 보존)을 모든 사람이 함께 공정하게 분배하고 바람직하게 활용할 수 있는 모든 활동을 포함하는 방향으로 나아가야 한다.

생태문명 전환도시를 향한 사회혁신의 비전

박원순 서울시장 재임기간인 10년간의 사회혁신정책은 사회혁신생태계를 조성하고 혁신주체 등장과 성장을 위한 제도적·재정적 마중물을 부은 것으로 평가할 수 있다. 시민을 공공서비스의 수혜자가 아니라 공동생산자로 자리매김하고 참여를 넘어 권한을 행사할 수 있도록 자치와 숙의민주주의를 확대해왔다. 이제 서울의 사회혁신정책은 생태 문명과 시스템 차원의 전환을 준비하는 관점에서 접근해야 한다. 생태위기·사회경제적 양극화·구조적 실업과 빈곤 문제 등은 지금까지 우리 사회를 주도적으로 이끈 가치와 제도, 시스템 자체에서 비롯됐기 때문이다. 뿐만 아니라 도시 정부와 시민사회가 불평등을 완화하는 포용적 도시전환을 함께 생산하는 (co-production) 주체로서 사회적 관계를 변화시키는 것을 장기적인 목표로 삼아야 한다. 이러한 차원에서 공유는 공공의 독점적 소유와 사적인 배타적 소유의 경계를 넘어 시민이 자율적인 규약을 만들어 관리하는 영역의 시민공유지와 공유재를 확대해 사회혁신을 위한 시민의 자산기반을 튼튼하게 만드는 것이 중요해진다.

기후비상사태에 직면한 도시전환을 위해서는 생태계에 미치는 영향을 최소화하며 균형 있게 삶의 질을 유지하고 도시의 회복력을 강화시키는 것을 중심으로 서울시 모든 사업과 예산 우선순위가 새롭게 매겨져야 한다. 서울시는 2019년 전국 최초로 전환도시과를 신설했으며 9월에는 서울시 교육청과 함께 모든 정책을 수립하고 추진할 때 기후위기 대응과 생태적 전환에 집중하고 현 세대 뿐만 아니라 미래세대도 평온하고 안전한 삶을 유지할 수 있도록 도시의 회복력을 강화한다는 내용을 담은 '생태문명 전환도시 서울'을 선언했다. 특히 지역경제 강화와 지역순환경제 형성을 선언하고 지역 내, 지역 간 경제 선순환과 자족성 강화를 지원한다는 방향은 2020년 코로나19를 겪으면서 더욱 더 절실한 정책적 필요로 등장했다.

파리 이달고 Anne Hidalgo 시장은 재선을 통해 근접도시 개념으로 '15분 도시'정책을 강력히 추진하면서 15분 도시 부시장을 임명했다. 이는 일하고·돌보고·생활하고·공급하고·배우고·즐기는 도시의 6가지 핵심적인 사회적 기능과 서비스를 걷거나 자전거를 타고 가는 15분 거리 안에 접근할 수 있게 하는 도시생활의 새로운 패러다임이다. 서울에서도 도시 전환을 위한 자산이 제법 쌓였다. 국내에서 처음으로 생활권 도시계획을 수립하고 10분 거리에 도서관·체육관··돌봄시설·쌈지공원 등을 확산시켰으며 시민정원사·에너지 컨설턴트·도시농부·마을건축가가 도시 풍경을 변화시키고 있다. 마을활력소·공유부엌·도시텃밭·다양한 장터·도시재생지 커뮤니티 공간 등 시민공유지가 늘어나고 있으며 자신의 삶에 영향을 끼치는 문제를 다루는 다양한 공론장과 정책 결정 과정에 참여하는 시민이 성장하고 있다. 2012년 885개소였던 사회적경제 기업수는 4,505개로 늘어났으며 아파트 공동체 같은 생활권역에서 생활필수재를 공급하는 생활관리기업육성을 도모하고 있다. 플라스틱이나 짜투리 원단·커피찌거기·생활가전 등을 재생하는 새로운 기술을 가진 기업도 다양한 서울시 지원사업을 통해 성장했다.

밭을 일구어 좋은 자양분을 만들어 온 서울의 사회혁신정책은 성장중독 사회에서 생태문명 전환도시로 나아가는 비전을 분명히 해야한다. 이를 위해 분절됐던 다양한 혁신주체가 그동안의 과제를 융합하고 협력해야하는 숙제가 놓여있다.

서울시의 살림살이는 채무감축과 복지증대

경제위기에서 시작된 재정위기

지난 20여 년 동안 서울시는 많이 변했다. 특히 지방재정은 민선시장시대 시작과 IMF외환위기를 겪으면서 커다란 충격과 그에 대한 대응으로 변화를 거듭했다. 특히 2008년 금융위기와 이로 인한 재정위기로 촉발된 2011년 보궐선거는 이러한 변화 원인과 결과가 응축된 상황이라고 할 수 있다.

민선 서울시가 시작된 지 벌써 25년째다. 5명의 시장이 서울시를 이끌었고 그때마다 많은 변화가 있었다. 물론 한국 지방자치는 많은 부분에서 본격적인 분권이 더디게 진행되고 있었다. 하지만 이런 상황에서 1997년 외환위기와 2008년 금융위기는 서울시 살림살이에도 커다란 충격과 후유증을 겪게 했고 이를 극복하기 위한 대응과정 속에서 발전을 거듭해왔다.

특히 2011년은 박원순 시정이 새롭게 시작되었다. 재정정책의 시작은 위기 대응이었다. 하지만 그 이전 외환위기 이후 서울시정과는 다른 점이 있다.

첫째, 위기 원인이다. 외환위기 시기에는 유동성 부족이라는 일시적인 위기를 넘어야 한다는 생각과 절약의 역할이 강조되던 시기였다. 따라서 긴축 관리에 집중했다. 고건시장 시기 서울재정은 오히려 혁신했다. 성과주의 예산이 도입되고 건설보다는 안전을 중심으로 한 토건정책도 시행됐다.

과거 서울시는 외환위기에 잘 대응하며 재정을 관리해왔다. 그런데 이후 이명박 오세훈의 서울시는 부동산 활황이 더해지며 서울시 재정 규모는 확장되었고, 개발주의 패러다임은 대규모 투자를 촉진시켜 결국 2008년 금융위기를 맞아 서울시 재정이 질곡에 빠지게 되었다.

둘째는 대안의 차이다. 외환위기 당시에는 재정위기라기보다는 경제위기로 발생한 위기였기 때문에 절감과 개혁이 주요한 과제였다. 또한 당시의 고성장 시대에 맞는 경제투자가 함께 이루어졌다. 하지만 2008년 이후에는 급속히 진행된 양극화로 새로운 패러다임의 복지가 강력히 제기되었다. 위기의 원인이자 결과인 부채를 감축하고 복지수요를 충족하는 개혁과 함께 지속가능한 발전을 위한 새로운 투자를 진행해야 하는 세 마리 토끼를 잡아야 했다. 한마디로 줄이고, 바꾸고, 늘려야 하는 '트릴레마'를 해결해야 했던 것이다.

서울시 재정정책을 말하기 전에 한 가지 전제해야 할 것이 있다. 재정학에서는 세금 즉 재정에 대한 주체적 입장을 세 가지로 분류한다. 첫째는 소비자다. 개별 시민이나 부서 공무원은 예산을 소비하는 소비자로 자신을 인식한다. 둘째는 절약자다. 주로 예산부서나 예산감시를 하는 시민이 이

입장이다. 셋째는 수문장이다. 문지기로서 쓸 곳과 안 쓸 곳을 구분하는
자세다. 우리는 셋 중 어떤 자세를 가지고 있는가, 그리고 좋은 소비자와
절약자, 수문장에게 필요한 자세는 무엇인가.

지난 10년 간 서울시 재정정책은 이러한 측면에서 시사점이 많다. 공공
임대주택 등 복지를 늘려야 하는 소비자로서, 빚을 줄이기 위한 절약자로
서, 그리고 이를 조절하고 미래를 위해 투자해야 하는 수문장으로서 많은
고민과 노력, 성과가 있었고 한계와 과제도 있었다.

박원순 1기는 부채감축과 복지증대

2011년 이후 박원순시정 1기 서울시는 앞에서 말한 세 마리 토끼, 즉 부
채 감축, 복지수요 충족, 그리고 새로운 투자라는 과제를 안고 시작했다.
그리고 이 1기에는 이중 앞의 두 마리 토끼를 잡는데 주력했다.

'빚 문제'를 화두로 진행한 선거에서 당선된 박시장의 서울시정 핵심은
당연히 주요 정책이 채무감축일 수밖에 없었고 이는 공공임대주택 8만 호
건설 등을 위한 복지재원 확보라는 또 다른 중요한 정책과는 딜레마 관계
에 놓일 수밖에 없었다. 따라서 채무감축과 공공임대주택 8만 호 건설이라
는 두 마리 토끼를 잡아야 하는 상황은 단순히 긴축으로 해결할 수 없는 전
례 없는 서울시 재정운영의 커다란 과제가 되고 말았다. 이때 논쟁은 부채
가 왜 발생했고 어떻게 해결해야 하는지 그 방법을 찾는 것으로 이어졌으
며 새로운 서울 재정의 밑그림을 그리게 되었다.

그 결과 시민 눈높이에서 재정 원칙을 세우는 여러 조치가 취해졌다. 첫
째, 민자사업의 재구조화다. 그동안 원래 의도와는 무관하게 많은 문제를
야기했던 민자투자사업이 수술대에 올랐다. 따라서 지하철 9호선이나 우
면산 터널 등 민자사업에 대해 새롭게 계약을 체결하는 등 서울시 재정 부

담을 크게 줄였다.

또한 부채 문제에서 가장 큰 비중을 차지한 개발사업의 미분양 토지문제를 해결하기 위해 많은 노력을 기울였고 상당한 성과를 거두어 7조 원채무감축이라는 성과를 거두었다. 물론 다시 살아난 부동산 경기 효과도 외부적으로 일정 부분 도움이 되었지만 다른 지자체에서는 재정성과로 이어지지 않은 것을 고려한다면 서울시 자체노력은 평가를 받을 만하다고할 수 있다. 물론 이 과정에서 발생한 공공성 유보는 이후 재정 여력으로 해결해 나가야 하는 과제를 안겼다.

둘째, 재정분권으로 지역자치를 한 단계 더 완성했다. 특히 재정격차를 줄이는 주요한 제도였던 재산세 공동과세가 자리 잡으면서 지역격차가 더욱 줄었다. 2015년 기준으로 자치구 공동과세 현황을 보면 세입 기준으로 공동 재산세를 반영하기 전 강남구(3,430억 원)와 강북구(224억 원) 간 세입격차는 15.3배에 달한다. 하지만 공동재산세가 배분된 뒤에는 4.4배로 세입 격차가 완화됐다. 이는 과거 시정부터 진행된 사안이기는 하지만 재산세 배분방식도 액수가 아닌 건수로 바꾸는 등 더욱 정교해졌다.

더군다나 자치구에 지원하는 조정교부금에 대한 지원도 파격적으로 바꾸었다. 재정력지수와 유사한 기준재정수요충족도를 100% 충족시켜주는 제도를 시행했다. 중앙정부는 재정교부세를 지원하면서 재정수요에 대해 80~90%에 불과한 부분만을 충족시켜주고 있다. 이에 따라 만성적인 재정부족으로 재정위기 원인이 되고 있는데 서울시는 이를 일거에 해결하고 오히려 100%를 훨씬 초과 지원해 자치구 재정부족 논란을 줄였다.

셋째, 서울시 재정 체질을 바꾸는 노력이 있었다. 한국사회 화두가 된 갑과 을 문제를 서울시부터 해결하려했다. 행동 강령 등이 포함된 갑을관계 혁신대책으로 행정 문화를 바꾸고 서비스를 강화하고 예산낭비 요소를 제거하기 위해 노력했다. 또한 2015년에는 소위 '박원순법'이라 불리는 조치가 있었다. 기존의 '서울특별시 지방공무원 징계 등에 관한 규칙'을 개정함으로써 공무원 비위에 대한 기준을 강화했다. 9월에 시행된 김영란법에 대해 서울시는 이미 예방주사를 맞은 탓에 동요 없이 이를 맞이할 수 있었다.

넷째, 재정민주주의 핵심인 시민참여를 촉진하였다. 2012년 참여예산의 첫 발을 시작한 후 주민참여예산제는 매해 변신을 거듭했다. 전 세계에서 가장 큰 도시에서 시행하는 참여예산이라는 의미와 함께 500억 원이라는 예산을 책정해 시민의 참여 동기를 강화시켰으며, 전체 예산에 참여하는 과정을 도입하고 강화했다.

또한 정보공개에 있어서도 서울위키 등을 통해 모든 것을 보여주는 재정정보공개 강화를 진행했다. 이외에도 모든 문서를 공개하는 정보공개제도를 진행한 것도 평가할 만 하다. 하지만 여전히 참여 확대나 정보의 질 문제 등은 넘어야 하는 지속적인 과제일 것이다.

주민참여예산과 재정정보공개 혁신은 2017년 문재인 정부에서 고스란히 수용해 국민참여예산과 열린재정 혁신 등으로 수렴되었다. 물론 많은 한계가 존재하고 아직 해결해야 할 과제는 많지만 새로운 시도와 소기의 성과는 대한민국과 세계도시정부의 재정정책 모델이 될만하다.

박원순 2기 서울살림, 지속가능한 발전으로

박원순2기 재정정책에서 특이한 점은 부채감축이 주요한 주제로 등장하지 않았다는 점이다. 물론 부채문제는 중요한 주제이기는 하나 지속가능한 수준에서 관리하는 주제가 되었다. 재정건전성은 수단이지 목표가 아니기 때문이다. 이번 코로나 위기에서도 드러났듯이 행정적인 시각에서는 수단이 목적처럼 여겨지는 경우가 많다. 2기에 들어 서울시 재정위기가 어느정도 해결되는 시점에서는 수문장 입장에서 미래를 위한 투자를 과감하게 진행한 것이 당연했다. 구체적인 투자분야는 아래 세가지로 집중되었다.

첫째, 미래투자다. 미래 먹거리를 위해 바이오허브 등 미래산업투자에 집중했다. 또한 관광과 문화에 대한 투자도 산업적인 관점이 고려되었다. 둘째, 환경과 안전이다. 원전하나 줄이기 등과 안전인프라, 특히 따릉이는 4만대 시대에 다가가면서 서울시민의 중요한 교통수단이 되었다. 빅데이터를 이용한 올빼미버스는 시민에게 가장 인기있는 정책으로 선정되기도 했다. 셋째, 복지는 총량 증가에 이어 질적인 측면에서 다양한 정책을 위해 재정이 투입되었다.

여기에 더하여 평가할수 있는 것은 균형과 민주주의 측면이다. 먼저 균형이라는 측면에서 볼 때 지역균형에 주목한 것은 물론 세대균형을 위해서도 재정이 투입되었다. 청년인지예산같은 경우가 대표적이다. 다음으로 민주주의측면에서는 서울형 재정민주주의를 추진하였다. 그러나 재정민주주의는 그 중요한 의의만큼이나 극복해야할 과제도 동시에 존재하였다. 급격하게 진행되는 마을공동체 관련 사업과 연관성이나 지속가능한 서울시 미래를 위한 재정지출 구조 개혁, 과정의 민주주의를 위한 협치 노력 등은 꼭 필요한 고려사항이 되었다. 특히 주민참여예산에서 더 나아간 시민숙의예산제를 시행함으로써, 예산은 정치이자 동시에 과정이라는 본질에 충실한 대안을 찾기 시작했다. 또한 서울살림이 나아졌는지 나아졌다면 앞으로도 지속가능한 발전을 할 수 있는지는 시민이 참여해 서울의 밑그림을 계속 그려가면서 진행되었다.

박원순 3기 선진도시로서의 서울재정

박원순 3기 재정정책의 목표는 부흥이다. 1기는 재정위기 극복 시기였다. 밖으로는 금융위기, 안으로는 토건에 의한 재정악화 때문에 발생한 위기극복이 과제였다. 2기는 혁신이었다. 지속가능한 재정혁신으로 구조를 혁신하는 계기였다. 3기는 이를 바탕으로 내적으로는 민주주의 심화와 자치구 지역균형, 대외적으로는 지자체와의 지역상생, 세계적인 선진도시로서의 역할 증대였다.

대내적으로 5% 시민숙의 예산제가 시행되었다. 세계에서 가장 큰 도시에서 시행하는 주민참여예산제를 계승 혁신한 것이다. 물론 해결 과제는 많지만 행정 원칙으로 이를 시행하고 시민의 참여 수준을 증대하면서 고도화시키고 있었다.

자치구 간의 지역 균형을 위한 재정 정책도 주요한 과제이다. 이미 16대 1이던 자치구간 재정격차를 공동재산세 배분을 통해 6대1로 줄였고 박원순 시정에서는 4대 1까지 격차를 줄여나갔다. 조정교부금 배분기준 조정과 지역 간 복지격차 해소나 지역균형을 고려한 차등적 예산배분 및 투자 원칙을 따른 결과다.

대외적으로 지역상생정책을 추진해 서울내부의 균형을 넘어, 수도권과 비수도권의 상생을 도모하는 재정정책이 시작되었다. 이는 재정정책의 공간 개념을 확대한, 이전과는 차원이 다른 변화다. 이를 통해 물류중심의 교류에서 정보·사람·정책 차원의 교류로 확장하게 되었고 이는 향후 중앙정부에서도 참고할 만한 개념이다. 단순히 제로섬 게임처럼 돈을 나누는 방식의 분권정책에서 더 혁신해 상생하는 정책 비전을 보여줬다. 또한 남북협력과 국제협력에서도 괄목할 만한 노력을 기울었다.

선진서울 성과, 계승과 혁신

박원순 시정 3기는 미완의 기간이 되었다. 하지만 '시민의 정부' 실현을 추구하며 거둔 성과는 소중하다. 선진국이라는 개념은 앞서 나아간다는 뜻이다. 동시에 아무도 하지 않는 일을 하는 나라라는 뜻이다. 선진 도시도 마찬가지다. 서울은 다른 도시를 모방하는 단계를 넘어 다른 도시가 따라할 일들을 만들어 왔다. 국가의 기본 기능은 법과 예산이다. 헌법 상 정부 기능을 견제하도록 국회에 부여된 임무를 통해서 알 수 있다. 따라서 대한민국 현재와 미래에서 재정은 기본적인 실현 도구이며 동력이다.

대한민국은 코로나를 통해 양적 질적으로 세계 10개 국가에 걸맞는 위상을 확인하게 되었다. 서울은 수도로서 뿐만 아니라 선진적인 행정·재정의 역할로서도 선진도시의 위상을 확립해 왔다. 그 원동력은 재정이었다. 재정의 양적 여력은 9년 간 두배로 증가하여 40조 원에 이른 재정규모와 질적으로는 토건에서 복지와 미래투자로 이어진 구조혁신으로 나타났다.

'시민의 정부' 서울이 10년 혁명의 기간동안 재정정책을 통해 보여준 것 중 계승해야할 것이 있다면 다음과 같이 세가지로 함축될 수 있다.

첫째, 관리의 서울이라는 점이다. 관리란 지키는 파수꾼이 아니라 수문장이다. 지키기만 하는 것이 아니라 적극적인 구조조정과 투자를 병행한다. 톱다운과 성과주의, 중기재정계획이라는 3대 정책은 참여정부에서 시작해 계속 추구해야 할 주제다.

둘째, 민주주의 심화다. 5% 시민숙의 예산제로 대표되는 참여에 기반한 민주재정은 시민이 원하고 행복하기 위한 재정을 만들어가는 초석이다. 시작 자체가 세계적인 의미를 부여받는다, 또한 서울내부와 비수도권과 관련된 지역균형정책, 청년인지 등 세대별 주제별 정책도 선진적인 정책으로 계승과 혁신이 필요하다.

셋째, 미래투자를 통한 지속가능성이다. 결국 경제이다. 관리를 통한 재정여력을 가지고 시민이 원하는 미래투자를 통해 지속가능한 공동체를 만들어나가는 것이다. 글로벌한 첨단산업정책부터 문화·마을·도시재생 등 사회적경제를 포괄하는 지속가능한 사회투자를 계속해 나가야 한다.

2014년 UN공공행정포럼의 '서울공동선언문'은 행정혁신 추진에 있어서 시민 중심이 되어야 한다고 선언하고 있다. 시민이 중심이 된 서울재정혁신은 지속가능한 서울의 중요한 동력이었다. "서울시 살림살이는 나아졌는가, 그리하여 서울시민은 행복해졌는가, 그리고 지속가능한가"는 서울시정의 계속되는 과제다. 시민 정부를 추구한 박원순 서울시장의 재정정책 키워드는 바로 관리를 통한 행복과 지속가능성이었다.

© 서울시

서울형 민주주의 제도 확장

시민 참여 정책프로그램 확대

2011년 박원순 서울시장 등장으로 서울시 정책에 대한 다양한 분야의 참여 환경이 확장됐다. 일반 시민의 정책 참여프로그램이 확대된 것은 물론이다. 대표적으로 '청책토론회', '청책박람회', '시민(주민)참여예산제', '현장시장실' 등이 있다. '청책토론회'는 2011년 11월 '희망온돌프로젝트 발전방안'을 시작으로 시민 의견을 시정에 반영하거나 새로운 정책 수립에 참고하기 위해 만들어졌다. 2011년 11월부터 2019년 6월까지 토론회를 총 129차례 진행했다. 청책토론회에는 각계각층의 시민과 시민단체, 전문가 등이 참여했으며 서울시는 제안사항을 검토해 정책에 반영했다. 2012년 시작된 서울시 '청책박람회'는 시정 공론 촉진을 목표로 서울시와 자치구·시민·산하기관·시민단체 등이 참여했다. 서울시는 시민과 정책 성과를 공유했고 새로운 시정 방안 마련을 위해 각 참여자의 아이디어를 경청하는 등 전반적으로 소통과 참여를 기반으로 행사를 개최했다.

시민(주민)참여예산제의 도입과 확대

2012년 시작된 '시민(주민)참여예산제'는 「서울특별시 시민참여예산제 운영조례」에 근거해 시민을 예산편성에 직접 참여시키는 제도로 재정운영의 투명성과 재원배분의 공정성을 제고하기 위한 시도이다. 당시 500억 원 예산에 상당한 사업이 제안됐으며 시민참여예산위원의 심사·투표를 거쳐 제도화됐다. 서울시 시민참여예산은 시민 스스로 일상에서 체감한 불편사항을 해소하고 편익을 향상시키는데 필요한 사업을 제안하고 심사·우선순위 결정·최종 선정·평가까지 참여할 수 있는 풀뿌리 민주주의 장치 중 하나라고 할 수 있다. 시민참여예산이 처음 시작된 2012년, 천만 거대도시인 서울에서 제대로 이루어지기 어렵다는 우려가 있었으나, 2018년 행정안전부 전국 지방자치단체 평가에서 최우수 사례로 선정되는 등 발전과 변화를 거듭했다.

서울시 시민참여예산 사업 형태는 네 차례 정도 큰 변화를 거쳤다. 2012년부터 2014년까지 3년간 일반시민 제안과 자치구 지역회의 제안을 통해 사업을 선정했고 2015년부터는 서울시 전체 공통사업과 구 지역사업으로 구분했다. 2016년에 시정참여형, 지역참여형, 동지역회의로 사업이 구분됐다. 2017년에 시정참여형·시정협치형(이상 '시정형'), 지역참여형·동단위계획형·구단위계획형(이상 '지역형')으로 사업 구분을 세분화했다. 이때부터 규모도 700억 원 정도로 확대해 시정형 450억 원, 지역형 227억원 규모로 운영했다. 2020년 현재 지역형 또한 '지역참여형', '구단위계획형', '동단위계획형'으로 구분해 운영하나, 점차 계획형으로 통합되는 추세다. 계획형은 지역형인 시민참여예산이 지역사회를 기반으로 협치를 활용해 계획을 세우고자 새로 도입된 지역사회 혁신 계획이나 마을계획에 융합되는 방식에 해당한다. 명칭도 기존의 '주민참여예산제'라는 이름은 '시민참여예산제'로 변경했다.

2019년 현재 서울시 시민참여예산은 제도 도입 이래 총 21,198건 64,426억 원 사업이 제안돼 4,383건 4,416억 원이 시민참여예산 사업으로 선정됐다. 이 중 4,283건 4,117억 원에 달하는 사업이 실제 예산으로 편성됐다. 특히 2019년에는 총 3,511건 1조 3,682억 원의 사업이 제안돼 852건 676억 원이 선정됐으며 838건 599억 원의 사업을 예산에 반영되었다.

시민 참여 측면에서 서울시 참여예산제도의 가장 큰 특징은 광범위한 시민의 직접적임 참여다. 특히 자문 수준에 그치던 기존에 비해 시민의 직접적인 참여도를 높였다. 참여예산위원은 참가 신청자 중 서울시 인구 구성에 맞춰 추첨을 통해 선정한 이들과 전문가 및 시민단체 추천 위원으로 구성했다. 이에 따라 자치구별·성별·연령별 추첨 위원 275명, 시장과 시의원 추천 25명, 총 300명이 서울시 참여예산위원으로 활동한다.

그러나 민선 7기에 들어와 그동안 공무원이 주도적으로 편성해온 시의 기존 정책사업에 시민이 직접 참여할 수 있는 또 다른 길도 열렸다. 즉 약 1,300억 원에 달하는 시 예산에 시민이 직접 참여하고 숙의와 공론 과정을 통해 예산을 편성하는 숙의예산제도를 전국 최초로 도입·시행한 것이다. 시민 제안을 예산에 포함함으로써 참여효능감을 제고하는 동시에 단순한 참여를 넘어 실질적 대안을 제시하게 함으로써 일상에서 재정민주주의를 실현할 수 있게 됐다. 2019년도 국민참여 우수사례로 선정되며 시민참여성을 인정받았다.

숙의민주주의 도입

박원순 서울시장 시정에서 가장 특기할 만한 점은 숙의민주주의 도입이다. 숙의민주주의는 숙의를 통해 시정 주요 정책을 결정하는 시스템이다. '원탁회의'와 '시민배심원제'는 대표적인 참여·숙의 정책프로그램으로 일반 시민을 정책 결정 과정 주체로 소환한다는 의미가 있다. '원탁회의'는 2012년 8월 '서울시민 복지기준 마련 1,000인 원탁회의', 2013년 12월 「교육도시 서울 플랜」 수립을 위한 500인 원탁회의', 2017년 5월 '서울시 미세먼지 해결을 위한 3000인 원탁회의', 2018년 12월 한반도 평화와 번영, 추진방안을 논의하기 위한 '2018 서울 평화통일 원탁회의', 2018년 '강남북 균형발전을 위한 공론화 위원회' 등이 대표적이다. 원탁회의는 관련 홈페이지를 통해 모인 시민을 연령·성별·직업 등을 고려해 참가자를 선정한다. 최종 선정된 참가자는 관련 회의자료를 사전 교부받아 숙지한 후 원탁회의에 참여했으며 각자 의견과 문제 해결방안 등을 논의했다. 이런 숙의 과정을 거친 정책제안·해결방안·의견 등을 한데 모아 정책에 반영했다.

2014년에는 「서울시 인권정책 기본계획」에 근거해 '시민인권배심원제'를 도입, 운영했다. 이를 통해 서울시민에게 영향력이 커 사회적 합의가 필요한 인권침해 사건을 다양한 시민이 배심원으로 참여해 공론을 통해 수렴한 의견을 시민인권보호관에게 제시한다. 2014년부터 연평균 3회 운영한 시민인권배심회의는 2018년 12월까지 총 13회, 180여 명이 참여했으며 2018년 12월 회의를 마지막으로 1기 배심원 활동을 종료하고 2기 배심원을 모집했다. 시민배심원단은 총 200명 중 일반 시민 150명, 전문가 50명으로 구성한다. 일반 시민은 시민참여예산제와 마찬가지로 25개 자치구 신청자를 연령별로 구분한 뒤 공개추첨을 통해 선발한다. 전문가 역시 인권 분야 경력자 중 관련 학계와 전문가 · 인권단체 등 추천을 받아 선정한다.

민주주의 서울

시민은 자신의 요구를 정책에 반영하기 위해 정책결정과정에 직접 참여하기를 원한다. 현대 사회의 시민들은 그에 필요한 시민의식 수준과 역량을 충분히 갖췄다. 서울시정은 이러한 환경변화를 반영해 '청책(聽策)'을 넘어 민주주의가 시민참여민주주의를 구현하는 것을 목표로 했다. 사회문제를 해결하고 사회적 가치를 실현하기 위한 다양한 제도와 지원체계가 요구되고 있으며 시민 스스로도 여러 방식으로 공익 활동과 정책에 참여한다. 이에 서울시는 '서울형 민주주의'를 기획해 시민 참여를 바탕으로 행정의 실효성을 제고하며 안정적이고 지속가능한 참여 프로그램을 제도화했다.

민선 7기에는 민선 5 · 6기까지 시민참여를 활성화하기 위한 다양한 정책제안 채널을 운영하던 모델에서 나아가 시민 의견을 일상적 · 상시적으로 반영하고 숙의 공론화와 모니터링까지 가능한 프로그램 체계를 구축했다. '민주주의 서울'을 기반으로 하는 '온라인 시민 공론장'을 활성화해 정책제안뿐 아니라 시민 숙의와 공론, 정책화 과정까지 시민이 참여하도록 온라인 시스템 체계를 혁신했다. 시민이 제안한 정책이 공감 10개 이상을 받으면 부서 검토를 거쳐 제안 채택 여부를 결정한다. 50명이 공감한 정책은 부서 검토, 500명이 공감한 정책은 온라인 시민 공론장을 개최하고 해당 부서가 답변하며 시민 공론장에 5,000명 이상이 참여한 제안에 대해서는 시장이 답변하도록 해 시민 참여 규모별 의제화가 이루어지도록 했다. 또한 주요 정책 수립 전후 시민 의견을 수렴하기 위해 상설 공론장인 '서울시가 묻습니다'를 통해 중요한 의제를 논의하도록 했다.

'서울시민회의'는 여러 시민이 폭넓게 참여·주도해 경제·복지·환경 등 다양한 주제에 대해 숙의와 공론을 하는 온·오프라인 형태 공론장이다. 논의된 의제는 서울시 각 실·국·본부와 연계해 정책으로 반영여부를 검토한다. 서울시민회의는 일반 시민으로 구성된 시민위원을 공개모집해 운영기구를 구성하고 선발된 위원에 대해서 오리엔테이션·온라인 사전교육 등을 실시한다. 분과별 의제학습이나 주제별 회의·온라인 회의 등을 개최해 온라인과 오프라인으로 시민회의를 운영하고 종합토론·시민투표·서울시 정책제언 등이 이루어지는 시민총회를 개최한다. 이렇게 나온 공론 결과는 정책에 반영하며 시민회의의 활동을 모니터링하고 평가하는 절차를 거친다. 서울시민의회는 2019년 3억 원을 투자했으며 연간 3억 원씩 증액해 2022년에는 12억 원을 투입해 운영하는 계획을 수립하였었다.

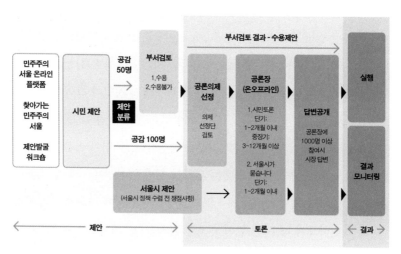

[그림] '민주주의 서울'에서의 시민제안 진행 과정

출처: 민주주의 서울 홈페이지(democracy.seoul.go.kr)(검색일: 2020.09.03.)

시민참여의 공익성 강화를 위한 제도적 기반 조성

서울시는 「서울시 시민공익활동의 촉진에 관한 조례」를 제정하고 NPO지원센터 및 시민공익활동촉진위원회를 운영하는 등 시민사회 활성화와 시민의 공익적 활동을 지원하기 위한 제도를 구축·시행했다. 또한 서울시 중간지원조직을 활용해 지속적인 지원과 성장을 촉진한다. NPO지원센터는 비영리단체 역량을 강화하고 공익활동가를 교육하며 정책 연구 등을 진행한다. 시민사회는 시민사회 중심의 공익 활동이 이루어지도록 점점 더 많은 시정에 참여하며 활동 영향 권역을 넓혀나가고 있다. 서울시는 권역 NPO지원센터 조성·운영, NPO 지원체계 확대 등 지역의 공익활동 지원을 지속적으로 추진하고 있다. NPO지원센터를 운영하는 근거가 된 「서울시 시민공익활동의 촉진에 관한 조례」를 확대해 「공익증진을 위한 시민사회 활성화 기본조례」 제정을 추진 중이다. 또한 2018년 6월부터 노원구·도봉구·강북구·성북구·중랑구에 운영 중인 NPO지원센터를 다른 구에도 확대·설치하는 등 지속가능한 성장과 마을공동체·시민사회를 활성화해 사회 문제를 해소하고 있다. 민선 5기에는 비영리단체(NPO)·청년·마을공동체·사회적경제 등 다양한 분야의 활동 공간을 조성해 2018년까지 서울혁신파크·NPO 지원센터(2개소)·청년 시설(10개소)·마을활력소(41개소) 등을 확충했다. 서울시 소재 비영리 민간단체는 2012년 2,491개에서 2018년 3,488개로 지속적으로 증가했으며 이를 기반으로 시민 활동이 활발하게 이루어질 수 있었다. 서울시는 시민 활동 거점 공간 마련의 부담을 완화하기 위해 공익활동을 위한 공간을 추가로 조성하고 있다. 공익활동을 위해 자치구 지역공동체의 거점 역할을 하는 마을활력소·마을배움터·NPO 지원센터 내 NPO 도서관 등을 추가 조성하도록 했다. NPO도서관은 시민사회의 공익활동 관련 기록 및 도서·자료를 관리·공유하도록 해, 관심 있는 시민이라면 누구든지 체험할 수 있도록 접근성을 높인다. 2015년 7월 서울시여성가족재단 내에 '성평등도서관'이 설치됐고, 이를 계기로 2020년에도 NPO지원기관에 확장 설치하는 방안을 추진 중이다.

IT 기술변화와 행정의 대응

박원순 서울시장은 전자정부 분야에서 세계 최고의 IT 도시로 선정됐을 정도로 IT와 행정의 연동을 강화시키는 시스템 구축을 한층 활발하게 진행했다. 민선 6기(2014~2018년)에 들어서면서 전자정부 분야는 더욱 확고하게 자리 잡았다. 그 결과 서울시는 미국 럿거스대(Rutgers University) 공공행정대학(SPAA) 소속 전자 연구소가 보스턴 매사추세츠 정책, 국제연구대학원과 공동으로 시행한 '세계 대도시 전자정부 평가(Global E-Governance Survey)'에서 웹 기반 행정서비스로 7회 연속 1위를 차지했다. 2년 단위로 진행하는 세계 대도시 전자정부 평가는 개인정보보호·서비스·시민 참여·편리성·콘텐츠 등 5개 분야로 평가하며 서울시는 5개 분야 중 시민참여·서비스·콘텐츠 등 세 분야에서 총 평가 점수 79.92점으로 1위를 기록했다. 럿거스대는 "서울시는 전자정부를 혁신적으로 활용해 시민들이 제안한 정책 아이디어와 의견을 제출할 기회를 체계적이고 조직적으로 제공하는 등 시민이 시정정책 과정에 참여할 기회를 꾸준히 제공했다"고 밝혔다.

박원순 서울시장이 당선된 이후 세계에서 가장 빠른 인터넷 통신망과 소셜미디어를 활용해 시민참여를 확대했으며 공유경제를 통해 전 세계에서 가장 스마트하고 지속가능한 도시로 주목받았다. 민선 6기 이후 서울시 전자정부는 온라인 주민참여·SNS 등 시민참여가 중심이 되는 거버넌스 체계로 진화한다. 서울특별시 모바일 투표서비스인 엠보팅(M-Voting)이란 모바일(Mobile)과 투표(Voting)를 합친 것으로 쉽고 빠르게 시민 의견을 수렴하고 정책에 반영하기 위한 모바일 투표 시스템을 일컫는다. 블록체인 기술 적용으로 투표 정보와 참여 이력의 위·변조가 원천 방지돼 서울시와 시민 누구나 필요에 따라 믿고 활용 가능한 투표서비스다. 2019년 12월 31일 기준의 엠보팅(M-Voting) 누계 운영 현황을 살펴보면 가입자 96만 명, 투표 참여 257만 건, 투표 발제 7,689건(정책 2,417건, 시민 5,277건)으로 자치구(17개 기관, 참여예산 13개 자치구)와 교육청(17개 기관)이 운영 중이다.

엠보팅(M-Voting) 투표 유형으로는 정책투표로 서울시가 시민 또는 직원에게 물어보는 투표(시→시민·직원)와 우리끼리라는 일반 시민이 직접 투표를 만들고 참여하는 투표(시민↔시민)가 있다. 투표 공개범위 설정도 가능한데, 전체공개 투표로 앱 또는 홈페이지에 접속 가능한 모든 사람에게 공개가 가능하며, 비밀번호·전화번호·QR코드·GPS 확인 등으로 참여자를 한정할 수도 있다. 또한 선거인명부·비밀번호·QR코드·위치정보(GPS) 등으로 참여자를 한정해 비공개로도 진행 가능하다. 투표 참여시 전화번호 인증(전화번호 1개당 1표)으로 중복투표를 방지한다.

2019년 주요 활동 사례로 시민 의견수렴 및 사업홍보 활동으로 서울상징 기념품 공모·여성 안심사업 통합 BI 선정·서울 시민카드 만족도 조사가 있다. 이로 인해 건축시민공감상·서울시 주요정책 선호도·서울정원박람회 등 수상작을 선정했고 2020년에는 시민참여예산 사업선정 투표('19.8.5.~'19.8.31.)도 시행했다.

2017년도 미국 CNN과 영국 BBC 등 세계 유수 언론의 관심을 동시에 받기도 했다. 바로 세계 최초로 시 행정정보 전체를 ICT 기술에 접목시킨

'디지털 시민시장실'이다. 2019년에는 이를 전격 개방해 일반 시민도 시장이 바라보는 관점에서 서울을 바라볼 수 있도록 했다. 서울시청 시장실에는 한 면을 채운 대형 전광판이 있다. 여기에는 교통·재난·물가 상황까지 시민 삶에 관련된 행정정보가 실시간으로 표시된다. '디지털 시민시장실'에는 열린데이터광장·TOPIS 등 서울시 290개 시스템의 행정 빅데이터 1,600만 건·서울 시내 1,200여 대 CCTV 영상정보, 다산콜 등 민원창구 데이터 등 정보가 포함된다. 일반 시민은 '소셜시장실 홈페이지'에서 시장이 보는 정보와 동일한 정보를 볼 수 있으며, PC·모바일·태블릿PC 등 다양한 기기와 여의도역·홍대입구역·창동역 3개 역에 설치된 스크린에서도 접근 가능하다.

이외에도 2015년 7월에는 '찾아가는 서울시청'을 설치해 시민 곁을 직접 찾아 인터넷 이용이나 시청 방문에 어려움을 겪는 어르신 및 소외계층을 위해 접근성 좋은 곳에서 일반 민원과 행정서비스 등 전문적인 맞춤 상담을 1:1로 제공하게 되었다.

참여형 직접민주주의를 향한 과제들

지난 10년 서울시가 이룬 직접민주주의제도를 돌아보면 전반적으로 참여형 직접민주주의 확장을 위한 서울시와 자치구의 노력이 돋보인다. 그러나 참여단체 고착화, 참가자 고정화 등 문제로 인해 시민참여예산 위원 구성을 총 250명 가운데 150명을 추첨제로 도입하는 방식으로 개선했듯 지역 단위 주민자치회 구성이나 마을계획단 구성 그리고 중간지원조직 위탁업체 선정 시에 이러한 문제점을 충분히 인식하고 개선이 필요하다. 더불어 위원 연임제한, 자천·추천제 폐지 및 배심원제 도입 또는 윤번제(당번제)와 같은 지역주민 모두가 권리와 책임을 갖게 하는 참여형 직접민주

2016 서울마을회의 전체 모습   ⓒ 서울시

주의제도를 도입해야 한다.

또한 중간지원조직의 산재(散在)와 중복성도 향후 개선사항이다. 서울시에는 '서울시 마을공동체 지원센터', '마을자치센터'외에도 서울시 비영리조직 등을 지원하기 위한 '서울시 NPO센터', '서울시 여성가족재단' 등 종류와 하는 일은 매우 다양하다. 긍정적인 기여도 있지만 문제점도 드러나고 있다.

첫째는 설치 근거가 명확하지 않다는 점이다. 중간지원조직의 다양한 형태와 기능이 중복돼 있다기보다는 중간지원조직의 개념 기준이나 법적 근거가 부재한 점, 중간지원조직의 역할과 기능에 대한 정의가 불분명해 적절한 운영모델을 확립하는 데 어려움을 겪는다. 둘째, 자생력이 약하다는 점이다. 중간지원조직은 재정적 자생력을 갖춰야 비로소 민과 관의 브릿지 역할을 제대로 수행할 수 있다. 중간지원조직이 아직은 직영(관이 직

서울마을회의 모습   ⓒ 서울시

접 설립과 운영주체) 또는 민간위탁 등을 통해 간접적으로 지원하고 있으나 앞으로 비전에 대한 목표 의식을 갖추기 위해서는 향후 구체적으로 서울시-자치구-중간지원조직-지역주민 간 협의가 필요하다.

주민자치를 통해 마을회의까지 가능하게 하려면 새롭게 탄생하는 주민자치회가 주도적으로 리더 역할을 해야한다. 그러나 서울시 마을회의는 서울시 마을공동체 종합지원센터에서 주최하고 있어 주민자치회가 정립이 되지 않았다고 볼 수 있다. 이 역시 극복해야 할 과제다. 서울시는 중간지원조직 역할에 의존하기보다는 자치구 역할을 강화시키기 위한 권한 이양 등을 이뤄내야 한다.

청년이 당당히
정책의 주체로 선
서울시 청년정책

서울시가 만든 최초의 청년조례가 전국으로, 법으로 확산되다

2015년 1월 서울시는 「서울특별시 청년기본조례」를 제정했다. 청년정책을 종합적이고 체계적으로 제도화된 것은 중앙정부, 지방정부 어디에도 없던 일이다. 당시 한국 사회에서 처음이었다. 박원순이 시장으로 있는 서울시였기에 가능했다.

거슬러 올라가면, 그 시작은 박원순 서울시장이 2012년 2월 '청년명예부시장'을 최초로 임명하고 2013년 1월 '서울시-서울청년유니온과 청년일자리 정책협약식'을 추진하면서 시작되었다. 이후 서울청년정책네트워크를 구성하여 청년 일자리 분야를 넘어 다양한 청년단체, 청년당사자와 함께 청년정책 전반에 대한 논의를 본격적으로 추진하였다. 이를 시작으로 청년단체와 청년들은 '박원순 서울시'라는 특별한 시공간에서 서울시라는

행정부와 정책논의를 본격적으로 경험했다. 그러나 그들은 2013~2014년 사이 그 치열한 논의의 공간에서 법적 근거 없이는 새로운 청년정책 추진에 막대한 한계가 있다는 걸 아프게 체감한다.

"청년의 삶은 변했는데 어째서 정책은 그대로인가?"

이 말은 2014년 11월 「서울특별시 청년기본조례」 제정을 위한 공청회에서 김민수 청년유니온위원장이 행한 발언이다. 그는 이 자리에서 "정책은 분야로 나뉘지만, 청년의 삶은 분야로 분리되지 않는다"며 청년의 삶을 개선하기 위한 종합적이고 체계적인 제도적 근거를 마련하는 것의 필요성을 알렸다.

이렇게 진행된 「서울특별시 청년기본조례」의 제정 과정을 통틀어 볼 때 가장 큰 특징은 그간 청년이 겪는 삶의 문제를 스스로 해결하기 위해 노력해 온 청년단체가 조례안 작성에 직접적이고 주도적으로 참여했다는 점이다. 서울청년정책네트워크, 서울청년유니온, 민달팽이유니온 등은 직접 조례안을 작성하고 서울특별시의회 김용석('14년 당시 기획경제위원회 위원장)의원을 찾아간다. 2014년 연내 통과를 목표로 서울특별시의원 34명이 공동발의하여 2014년 12월, 시의회 본회의에서 의결된다. 이로써 전국 최초로 「서울특별시 청년기본조례」 제정이라는 어디에도 없던 새길이 열렸다. 그간 청년의 주거·부채·생활안전, 문화 등 법적 근거가 부재하기 때문에 번번이 좌절됐던 주요 분야의 정책을 힘 있게 펼칠 수 있는 문이 열린 계기가 되었다.

「서울특별시 청년기본조례」는 한국에서 청년정책을 처음으로 정의했다. 조례에서는 청년정책을 '청년의 정치·경제·사회·문화 등 모든 분야에서 참여 확대, 권익 증진, 청년발전을 목적으로 하는 정책'으로 명시했으며 청년정책의 정의와 목적, 청년의 범주, 정책 분야, 정책 실행의 기본 토대를 제시했다. 이것은 기존의 청년일자리 정책을 넘어 주거, 문화, 복지, 참여 등 청년의 삶 전반을 지원하는 체계적이고 종합적인 근거를 최초로 마련한 것이었으며 향후 청년정책의 제도화와 전국적 확산의 토대가 되었다.

이후 서울시의 청년기본조례는 다른 지방정부로 급속도로 확산됐다. 전국 곳곳의 청년당사자가 앞장서 움직여 지방자치단체들이 청년기본조례를 제정하는 흐름을 만들게 되었다. 결국 2015년 1월 서울시 청년기본조례 제정 이후 3년 만에 17개 광역자치단체 모두에 청년기본조례가 제정되는 개가를 올리게 되었고 2021년 3월 초를 기준으로 하면 전국 243개 광역 및 기초자치단체 중 186곳에서 청년기본조례를 제정하는 결과로 이어졌다.

지방정부 청년기본조례 제정 흐름을 만든 청년은 지역에서 멈추지 않았다. 2017년 중앙정부 「청년기본법」 제정을 촉구하는 1만인 서명운동을 펼치기도 했다. 그러나 2019년 12월 국회 통과를 낙관했던 「청년기본법」이 필리버스터에 발이 묶이자 전국 청년들은 법 통과를 촉구하며 한겨울 국회 앞에서 다시 한 달을 보내기도 했다. 수많은 청년의 마음을 다한 활동이 거리의 시민, 의회와 정부를 움직였고 청년기본법 발의 1,320일 만에 「청년기본법」이 통과되어 제정되는 소중한 결실을 이뤄냈다. 역사적인 순간이 아닐 수 없었다. 그러나 이 모든 것의 시작이 서울시와 함께 이루어졌다는 것은 누구도 부정하기 어렵다.

청년이 만들고 청년이 시행하는 청년정책이 등장하다

사실 청년기본조례 제정은 정책 추진의 시작일 뿐, 제도 · 거버넌스 · 정책은 그 자체로 작동하지 않는다는 것을 조례 추진과정에 동참한 청년단체들은 잘 알고 있었다. 실천이 결여된 형식의 발전은 결국 더 큰 실패로 귀결될 것임을 조례를 만드는 과정에 이미 알고 있었던 것이다.

이에 박원순 서울시와 청년들은 실체적인 변화를 만들기 위해서 기본조례로 열릴 제도적 공간에 청년의 다양한 활동과 목소리를 끊임없이 조직하기 시작한다. 그리고 마침내 그 동력으로 청년들 스스로 자신들이 원하는 청년정책들을 만들기 시작하여, 2015년 11월 5일 역시 전국 최초로 청년정책 5개년 기본계획인 「2020 서울형 청년보장 추진계획('16~'20)」을 발표하기에 이르렀다. 이는 종합적이고 체계적으로 청년정책을 재구성한 것으로 청년정책의 혁신적 패러다임을 제시한 것으로 높이 평가될 수 있다.

이 계획에서는 청년문제를 이행기 청년의 사회진입 지체와 청년 세대 내의 불평등 확대로 정의한다. 그리고 청년이 직면한 문제가 청년이라는 특정한 생애 주기를 넘어 미래로 이어지는 보편적 문제로 연결되고 있다

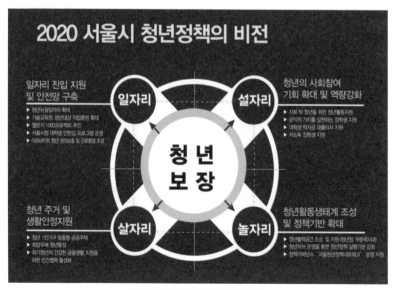

[그림] 청년정책 기본계획 비전

고 진단했다. 이를 해결하기 위해 '설자리'(사회참여, 역량강화) '일자리'(일자리, 안전망) '살자리'(주거, 생활안정) '놀자리'(활동공간, 참여) 등 4개 분야 20개 정책을 발표하고 실행한다. 이는 종합적이고 체계적인 청년정책의 시초가 됐으며, 이후 청년정책 패러다임 전환을 알리는 구체적 사례로 작동하게 된다.

「2020 서울형 청년보장」은 청년에게 공정한 출발 기회 보장을 목표로 했다. 청년문제를 시혜적 측면이 아닌 지금 청년문제 해결이 곧 '미래사회를 위한 투자'이며 '사회의 지속가능성 제고'라는 인식 전환의 계기를 제공한다. 「2020 서울형 청년보장」은 한국사회에 ▲기존 고용정책에서 사회(종합)정책으로 청년정책을 격상시켰고 ▲청년거버넌스를 전면화하여 관 주도의 정책결정이 아닌 청년 시민의 참여를 통한 협력적 거버넌스 모델을 구현했으며 ▲청년수당으로 상징되는 청년 직접 지원 정책을 펼쳐 수용자 중심으로 정책 추진 기조를 전환했다고 평가된다. 「2020 서울형 청년보장」에서 제시한 20여 가지 정책은 해를 거듭하며 확대돼 '16~'20년까지 5년간 1조 3,903억 원을 투입해 정책을 추진했다. 서울시가 추진한 청년정책은 새로운 모범사례가 되어 지방정부로 확산된다.

[표] 서울시 청년정책 5개년 기본계획에 따른 연도별 시행계획 예산

연도	2016	2017	2018	2019	2020	총액
예산편성액(단위:억 원)	1,208	1,805	2,220	3,618	5,052	13,903
전년대비 예산증가(단위:억 원)	609	597	415	1,398	1,434	-

「2020 서울형 청년보장」에서 주목할 것은 그 정책의 목표나 내용만이 아니라, 서울시는 청년 친화적 사회와 정책을 만들기 위해 정책 접근 방식을 혁신했다는 것이다. 서울시는 기존 관성에서 벗어나 '청년 문제는 청년

이 가장 잘 안다'는 당사자 주도 원칙을 바탕으로 청년 현실에 맞게 제도 혁신을 모색했다. 기존사회는 '제도와 정책에 청년이 맞추라'고 했으나 서울시는 이것이 현실과 괴리된 주문이며 올바른 문제해결 방법이 아니라는 것을 인정하고 '무엇이 필요한지는 당사자가 가장 잘 안다', '무엇을 할지는 당사자가 정한다'는 원칙으로 청년정책에 접근했다.

이 과정에서 1)청년수당 2)청년뉴딜일자리 3)희망두배청년통장 4)청년공간(청년허브, 무중력지대, 청년센터) 5)청년주택 6)청년 1인가구 지원 7)청년예술인 지원 8)청년위원 15% 목표제 9)청년마음건강지원 10)청년자율예산제 등 서울시 대표 청년정책이 제안되고 개선되었던 것이며, 이렇듯 전례 없던 서울 청년 정책의 실험적 성과는 이후 여타의 지방자치단체로, 그리고 마침내 중앙정부로까지 확산됐다.

청년정책 시즌2는 그와 함께 성장한 청년들의 몫

2017년 새정부가 들어서기 전 척박한 정치 상황에서 '박원순 서울시'가 버티고 견뎌냈던 특별한 시공간이 없었다면 어려운 일이었다.

> (청년)여러분에게 부족한 것은 역량과 능력이 아니고, 바로 기회입니다. (중략) 저는 여러분과 사회를 바꿀 기회를 함께 갖고 싶습니다. 지금 이 아픈 사회의 위기를 기회로 만드는 것이 바로 참여와 행동입니다. (중략) 제가 여러분께서 권한을 갖고 행정에 또 의회에 참여할 수 있도록 사회를 설득하겠습니다. 여러분 저를 딛고 오르십시오.
> - 2017 서울청년의회 중 박원순 시장('17.07.23)

앞으로 대한민국 청년정책은 청년기본법 제정 전과 후로 나뉠 것이다. 우리는 안다. 청년정책의 전반기를 연 힘, 청년기본법을 태동하게 한 원동

2013년부터 시작된 서울시 청년정책은 무에서 유를 창조해냈다. 우리사회에 청년정책을 등장시켰고 청년주체를 성장시켰으며 청년기본법 제정으로 제도화를 이뤄냈다. © 서울시

력, 지방정부 청년정책을 최초로 확산시켰던 그 첫 자리에 '박원순 서울시' 가 존재할 것이다. 청년정책 시즌2를 어떻게 개척해나갈 것인가. 그것은 이제 그와 함께 성장한 남은 자들의 몫이 되었다.

청년정책 시즌2는 '청년청'설치와 '청년자율예산제'도입으로 이미 시작됐다. 청년청은 청년정책을 다루는 청년자치정부로 2019년 서울시장 직속 조직으로 행정적 권한이라면, '청년자율예산제'는 서울청년정책네트워크가 약 500억 원 상당의 예산을 편성할 수 있도록 하는 실질적인 권한을 부여 받은 것이다.

파격적인 조치였던 만큼 안착을 위해서는 지속적인 노력이 필요하다. 청년자율예산제를 통한 예산 편성 권한은 청년 관련 부서 외 부서와의 협력, 집행과정에서 조정력 등을 필요로 하며 이 역량을 보완하기 위한 관심

이 필요하다.

서울시 중심의 청년정책네트워크는 7년간의 활동을 통해 안정화되고 있으며 청년참여기구에 더 많은 청년이 함께 하기 위한 전략으로 서울 청년정책네트워크의 규모가 커지는 방식이 아니라 자치구 청년네트워크가 활성화됨으로써 청년참여의 저변을 넓히는 노력 역시 지속해야 한다.

서울시가 처음 도입한 청년수당은 현재 청년 정책의 '오래된 미래'다. 2016년 보수진영의 반대에도 불구하고 서울시와 청년 간 신뢰관계를 통해 부정적 여론을 돌파하는 저력을 보이며 자리잡았다. 청년수당은 ▲기존 고용보험의 사각지대를 메우고 ▲구직활동뿐 아니라 다양한 사회적 참여활동을 지원함으로써 청년이 스스로 문제를 해결할 수 있는 기회를 제공하기 위한 기획이었다. 중앙정부와 전국 지자체 청년정책의 사업모델이 됐고 고용노동부 '청년구직활동지원금'을 이끌어 내는 등 중앙정부의 청년 정책 제도화 기폭제 역할도 했다. 청년수당은 경제적·사회적 자원이 상대적으로 부족한 미취업 청년에게 공공자원을 배분함으로써 일정부분 청년 불평등 완화 효과를 거둘 수 있었다.

그러나 당장 청년들의 삶을 옭아매는 것들은 여전히 만만치 않다. 주택 가격 상승과 자산격차, 실업문제, 낮은 소득문제 등 청년을 중심으로 한 소득 및 자산 불평등한 배분 문제는 여전히 사회가 풀어야할 숙제다. 청년불평등 완화를 위한 공공정책의 역할을 더 강화해야 한다. 사회적 상속 강화를 위한 사회출발자산 또는 개인소득 확대 방안 마련, 청년 주거·주택문제 해소를 위한 사회적 합의 등이 획기적으로 논의되어야 한다.

이미 정책의 주체가 되어 정책을 집행했었던 청년들이 그 내일을 주체적으로 해결해 나갈 것이다.

해외전문가가 본 박원순

박원순 시장이 서울에 피어 올린 불꽃을 기리며
A Tribute to Won Soon Park, Mayor of Seoul 2011-2020

Marguerite Mendell, C.M., O.Q.

나의 친구, 고 박원순 시장의 영전에 영예로운 마음을 담아 추도의 말씀을 올립니다. 때아닌 그의 죽음은 유가족분들과 많은 그의 친구와 동료들, 그리고 그가 헌신했었고 그 업적이 영원히 살아 있을 도시 서울에게 깊은 상실의 슬픔이 아닐 수 없습니다. 저는 서울에 '칼 폴라니 연구소 아시아 지부 (Karl Polanyi Institute Asia)'가 설립되던 당시 서울의 사회적경제 개발의 시초를 박시장님과 함께 하였고, 사회적경제 분야의 실무자, 연구자, 세계 각국의 정부 대표들과 국제기구, 그리고 전세계 도시와 지역의 사회정의와 경제민주주의 및 지속가능한 개발에 대한 사회적경제의 사명에 영감을 받은 시민들을 연결하는 국제 네트워크를 구축하는 과정에 박시장님을 비롯한 많은 분들과 함께 일할 수 있는 특권을 누렸습니다. 저는 그 시작점부터 말씀을 드리고자 합니다.

저는 2009년, OECD의 지역경제고용 개발부(The Local Economic

Employment and Development division of the OECD)와 함께 지역 차원에서 사회적 통합에 대한 사회적경제의 기여도를 조사하는 국제 프로젝트의 수석 연구원으로서 서울을 처음 방문했습니다. 한국은 이 OECD 프로젝트에 선정된 네 개 지역 중 첫 번째 지역이었으며 주로 서울 및 주변 지역에서 현장 조사를 실시하여 많은 사람들과 시민 사회 단체들 그리고 중앙정부와 지방 정부 대표들을 만났습니다.[1] 저는 그 당시 급속히 증가하고 있던 사회적 기업의 수와 그들의 출현과 조기 발전을 촉진하려는 정부의 헌신에 매우 매료되었습니다. 우리 팀은 우리를 친절하게 환영해주는 많은 지역들을 방문했었습니다. 여기에는 다년간 운영된 대규모 협동조합들이 포함되어 있었는데, 이들은 당시 주로 사회서비스분야에 대한 사회적 기업들로 크게 구축된 사회적경제의 진화에 영감을 주는 곳들이었습니다. 저는 퀘벡의 사회적경제 역사와 현재의 현실에 관한 강의를 위해 초청받았었습니다. 강의 전후에 진행된 주최 측과의 심층토론은 이후 퀘벡-서울 간의 미래협력을 이루고 깊은 우정을 쌓는 관계의 토대가 되기도 하였습니다. 우리는 첫 서울 방문을 마치고 몬트리올로 돌아온 직후, 퀘벡의 경험에 대해 더 알고 싶어하는 서울의 시민 사회 활동가, 정부 대표, 연구자 및 실무자들을 위한 토론회와 사회 경제 현장 방문 프로그램을 만들었습니다.

2011년, 박 시장은 뜨거운 열기 속에 서울시장에 당선 되었습니다. 우

---

1 한국에 대한 보고서는 2010년에 OECD에 의해 발표되었음. *M. Mendell, R. Spear, A. Noya, E. Clarence. Improving Inclusion at the Local Level through the Social Economy: Report for Korea.* OECD-LEED. Papers. 2010/15.

리는 이미 사회적경제 분야에서 그의 리더십을 발견했었습니다. 2009년에 제가 방문한 조직 중에는 저소득층 소비자들이 저렴한 가격으로 재활용 제품을 구매할 수 있는 '아름다운가게'라는 기업이 있었습니다. 이 기업은 노동 시장에서 배제 된 사람들을 위해 일자리를 창출하고 혁신적인 소액 금융을 통해 자본과 신용에 접근하는 사회적 기업이었습니다. 이 기업은 이후 등장하는 다른 사회적 기업들의 모델이 되었습니다. 아름다운가게는 2001년에 박시장께서 나눔의 문화를 일구기 위해 1% 나눔 캠페인으로 설립한 '아름다운재단'이 만든 다수의 이니셔티브 중 하나였습니다. 또한 2006년에는 커뮤니티 참여와 사회정의를 위한 대중교육 및 연구, 더 큰 형평성, 민주주의 및 지속 가능성을 촉진하기 위한 싱크탱크인 '희망제작소(Hope Institute)'를 설립하셨습니다. 이러한 것들은 서울의 시민권 강화모델로서 사회적경제에 대한 그의 비전을 보여주는, 박시장이 일구어낸 다양한 시민 사회 단체의 사례입니다. 이렇게 인권과 민주주의에 대한 그의 헌신은 긴급한 상황에 응답하는 수준을 넘어서 경제적 권리와 환경적 권리를 포함하는 범위까지 정치적 인권을 확대시켜냈습니다. 형평성과 환경보호는 별개의 문제가 아니었습니다. 그것들은 서로 얽혀 있고 분리 될 수 없었습니다. 사회정의는 이 두 요소가 없이는 이루어질 수 없는 것이었습니다.

박 시장을 처음 만났을 때 저는 그가 인권 변호사로서 그리고 활동가로서 쌓아온 그의 과거경력 앞에 겸손해지지 않을 수 없었습니다. 그는 시민과 지역사회를 기반으로 하는 여러 이니셔티브들을 세워내는 사람이었고, 사람들의 삶과 지역사회의 활력에 변화가 일어나도록 영향을 주는 사람이었습니다. 도시를 공유하는 것과 그 영향력을 전 세계 다른 도시들과 나누는 것, 도시재생 및 소외된 이웃을 위해 필수적인 사회혁신을 촉진하는 것, 도시재생에 대한 외부주도를 거부하고 탑다운 방식으로 주민과 전통부문을 이전시키는 개발방식을 지양했던 서울 시장 박원순이 남긴 유산은 사회적경제를 포함한 도시개발 전략의 체계적 접근법 뒷면에 남아있습니다.

저는 박 시장의 리더십과 영감을 통해 이루어진 많은 사회적경제 이니셔티브들을 방문한 바 있습니다. 서울 중심부에 자리잡은 노후 산업지역이었던 세운 전자상가의 현대화 프로젝트는 소상공인들의 참여 프로세스를 통해 성공적 변화를 거둔 대규모 프로젝트의 모범적 사례였습니다. 또한, 마포의 '문화 비축기지'는 이전에 석유비축 탱크기지였던 곳을, 시민이 공유하는 환경적이고 역동적인 문화 중심지로 탈바꿈시킨 곳입니다. 이 두 곳은 시민의 삶과 생계를 우선시하는 사회적경제의 두 가지 큰 이니셔티브로서, 쇠퇴하던 동네를 현대화하고 문화중심, 환경중심의 프로젝트를 통해 청소년을 비롯한 더 많은 대중들을 유입시켜낸 대표적인 사례입니다. 2013년에는 '서울혁신파크'를 조성하여 사회적경제지원센터를 비롯한 여러 시민 사회 단체들을 수용하였고, 지역민과 인근 건물에서 일하는 사람들을 위한 공공장소로 제공하였습니다. 이러한 사례는 사회적경제와 사회적 혁신과 공유지를 연결하는 가교의 상징이 되었습니다. 이 외에도 많은 이니셔티브의 열매들은 의사결정과정을 민주화하려는 박시장의 사회적경제에 대한 비전과 사명의식을 보여주고 있습니다.

서울의 사회적경제에 있어서 상호주의, 자원봉사를 공유하는 것이나 신구 부문에서 집단 기업을 육성하고 활용가능한 방법들을 고안해내는 것은 통합지역이나 장소에 기반하는 개발전략의 한 부분 입니다. 이 모든 것에는 사회혁신 프로세스와 사회적, 경제적, 환경적 복지에 대한 지속적이고 체계적인 접근이 필요합니다. 이런 일은 기존의 구조와 사고방식이 생성시키는 장벽 때문에 쉬운 일이 아닙니다. 박 시장은 이를 잘 이해하고 있었을 뿐 아니라, 기존의 기관들 간의 경계를 무리없이 가로지르며 일을 진행시키는 능력이 있는 분이었습니다. 또한 그는 시민 사회와 지방정부를 하나로 묶어 내면서 보완적이고 혁신적인 공간을 새로이 만들어 낼 능력도 소유하고 있었습니다. '서울시 사회적경제 민관정책협의회'는 박시장의 주도하에 서울시가 최초로 제도화한 사회적경제 민관합동 거버넌스 위원회였습니다. 이 협력체의 설립은 지자체와 사회적경제 주체 및 단체들의 공공정책 공동설계를 가능하게 하였고, 이는 곧 서울의 사회적경제의 핵심이 되었습니다.

박 시장과 그의 행정부의 지원은 서울의 사회적경제가 급성장하는 데 핵심적 도움이 되었습니다. 박 시장은 서울의 사회적경제를 위해 노력을 다하신 것이었으나, 이후 자치단체들이 사회적경제를 의제로 두도록 요구되면서 그의 영향력은 국제적으로 더 커지게 되었습니다. 글로벌 사회적경제 네트워크를 만들고자 했던 박 시장의 소망을 옆에서 볼 수 있었던 것은 저에게 정말 큰 특권이었습니다. 그는 그 일을 해냈습니다. 박 시장과 서울시는 2013년 첫 번째 국제회의를 개최하여 북반구와 지구촌 남부에서 온 실무자들과 지방자치단체 대표들, 연구원들이 한자리에 모일 수 있는 자리를 만들었습니다. 그리고 마침내 글로벌 사회적경제 포럼인 GSEF가 2014년에 공식적으로 출범하게 됩니다. 잘 알려지지 않은 사실 하나는, GSEF의 비전과 가이드 원칙을 작성하는 데 있어 많은 사람들이 적극적으로 힘을 모아 협력했다는 것입니다. 저는 시청에 있는 대형 회의실의 대형

스크린을 생생하게 기억합니다. 그곳에서 전 세계의 도시들과 지역들로부터의 참가자들이 여러 달 동안 온라인으로 함께 GSEF 창립 문서의 초안을 만들고 함께 수정작업을 하였습니다. 박 시장은 대화와 참여의 과정에서 그의 변함없는 신념을 통해 참가자들에게 놀라운 영감을 주었습니다. 이것은 제가 경험한 중에서 가장 큰 규모의 편집위원회였습니다. 그리고 우리는 성공적으로 결실을 맺었습니다. 우리 중 일부는 모든 제안을 한데 모으고 이 공동 초안 문서를 모든 작성자에게 보내어 승인을 받기 위해 늦은 밤까지 일에 매달려야 했습니다. 나는 지금도 저와 GSEF의 첫 디렉터가, 많은 청중들 앞에서 문서를 절(節) 별로 읽어 달라는 요청을 받았을 때와 모든 참석자들의 열광적인 박수로 절정을 이루던 때에 너무도 환하게 웃던 박 시장의 모습이 눈에 선합니다.

GSEF는 오늘날 세계의 사회적경제 대사라고 할 수 있겠습니다. 2년에 한 번 열리는 포럼에는 2,000명이 넘는 참가자가 참석하는데, 여기에는 사회적이고 경제적인 그리고 지속 가능한 발전에 있어 사회적경제의 필수적인 역할을 인지하고 있는, 사회적 경제적 문제에 연관하는 모든 주요 국제 기구들이 포함되어 있습니다. 팬데믹으로 인해 처음으로 온라인 포럼으로 열려야 했던 멕시코시티에서의 2020년 10월 GSEF 이전까지, 박 시장은 큰 자부심과 그만의 따뜻함으로 이전의 각 국제 모임을 주재했었습니다. 또한 그는 때 아닌 죽음을 맞이하기 전까지도 GSEF의 행사에서 세션과 비공식 토론에 참여하였습니다.

서울이 걸어온 이야기는 지자체가 갖는 핵심적 역할과 능력이 사회적경제를 성장시키고 시민과 지역 사회의 삶을 변화시키는데 얼마나 중요한지를 잘 보여줍니다. 그런 의미에서 서울은 전 세계도시의 모델이라 할 수 있습니다. 시민의 창조적 능력에 대한 박 시장의 믿음과 그의 리더십은 민주적이고 변혁적인 집단 이니셔티브를 세워내는 놀라운 성과의 토대가 되었습니다. 그는 국제 사회적경제 공동체에, 더 나은 세상에 대한 희망을 유산으로 전해주었습니다. 고 박원순 시장은 번영할 도시로서의 서울에 영원히 타오를 사회적경제의 불꽃을 피워낸 것입니다.

개인적으로 저는 항상 박원순 시장을 잃었다는 사실을 슬퍼할 것입니다. 오늘날 우리가 어려운 시기에 살고 있다고 말하는 것은 진부한 표현이 아닙니다. 전 세계적인 팬데믹으로 인해 삶이 뒤바뀌었습니다. 그 결과의 총 무게가 어떠할지는 아직 가늠하지도 못합니다. 이 힘들고 전례없는 시기에 우리가 발견한 것이 있습니다. 그것은 사회적경제의 회복력과 지역 식량생산 및 유통, 지역 재생에너지 생산, Covid-19으로 인해 생명을 잃지 않을 수도 있었던 수많은 노인층을 위한 홈케어 서비스, 지역사회기반 교통서비스 등과 같은 필수 부문에서 새로운 기업들이 출현하고 있다는 사실입니다. 또한 우리는 대화와 소통의 지속적인 중요성, 즉, 민주적이고 포용적인 개발에 전념하는 사회운동들 간의 교차점, 그리고 정부와 시민이 미래를 위한 전략을 함께 설계하기 위한 교차점을 재발견하고 있습니다. 우리는 미래를 위한 도시의 역할이 얼마나 중요한지 이미 알고는 있었지만, 최근 팬데믹과 지역 기관의 역할을 보며 그 의미는 더욱 강하게 드러나고 있습니다. 우리는 또한 도시와 비도시 지역의 명운을 연결하는 것이 생계유지와 경제순환에 필수적이라는 것을 알았습니다. 이 문제도 현재 가장 우선시 되는 의제입니다. 그리고 우리는 각 수준의 정부들이 모두를 위한 최상의 결과를 달성하기 위해 협력해야 한다는 것을 알고 있었습니다.

이것은 오늘날 아주 긴급한 사안입니다. 비록 우리는 지금 가장 힘든 도전의 때를 지나고 있기는 해도 미래는 유망해 보입니다. 그리고 사회적경제는 그 유망한 미래에 있어서 필수적인 부분입니다. 박원순 시장은 이 사실을, Covid-19 바이러스가 서울과 전 세계를 강타하기 훨씬 이전부터 이미 알고 있었습니다. 서울시의 사회적경제에 대한 지원이 희망적인 미래를 위해 얼마나 중요했던 것인지 이제 그 분도 확인하셨을 것입니다. 그의 가장 큰 도구는 그의 상상력, 희망, 인간의 복지 능력에 대한 신뢰였습니다. 그는 공공의 선과 공공의 이익을 위해 헌신하는 세상을 상상했습니다. 그가 우리에게 남겨준 이 유산은 우리로 하여금 그가 하던 일을 지속해 나갈 수 있는 힘과 용기를 줍니다. 그의 열정과 지혜는 우리를 앞으로 나아가게 합니다. 그럼에도 영원히 그가 그리울 것입니다. 우리는, 저는, 사랑하는 친구를 잃었습니다.

저자소개

Marguerite Mendell 은 캐나다 퀘벡 몬트리올에 있는 콩코디아대학교(University of Concordi)의 지역사회 및 공공의제대학(School of Community and Public Affairs) 석좌교수이며, 동 대학교에 설립된 칼 폴라니 정치경제연구소 소장 (Director Karl Polanyi Institute of Political Economy)이다. OECD, EU 및 GSEF(국제사회적경제협의체)의 학술모임과 국제회의에서 왕성한 역할을 행하고 있으며, 1988년에 세워진 칼 폴라니정치경제연구소의 공동창립자이기도 하다.

시민이 이끄는 도시, 서울
Seoul as a people-powered city

Sir Geoff Mulgan

서울은 지난 10년 동안 전 세계 혁신가와 도시 지도자들을 매료시키는 도시가 되었다. 디지털 제품이나 음악가와 영화 제작자의 작품을 통해 대한민국이 전 세계적으로 보다 주목을 받기 시작한 시기였다. 서울시는 환경, 공동체, 복지 및 도시 개발에 대한 새로운 접근방식을 개척하여 위대한 도시가 얼마나 역동적이고 혁신적으로 변모할 수 있는지를 보여줌으로써 한국에 대한 전 세계의 고조되는 관심을 상호보완해주는 역할을 했다.

이는 많은 부분 박원순 전 시장의 리더십으로부터 나온 결과라고 볼 수 있다. 2011년 처음 선출된 그는 전직 변호사, 운동가 그리고 사회 사업가였으며, 초기에는 무소속으로 출마해 도시에 색다른 접근방식과 기풍(ethos)을 불러왔다. 이렇듯, 그는 아주 비범하고 여러모로 시대를 앞서간 업적들을 이뤄냈다.

여기에서는 박원순 행정부가 남긴 유산의 긍정적인 면모, 특히 다른 도시에 귀감이 되는 서울시에서 실시한 많은 현실적이고 유용한 시험 사업에 집중한다. 이는 개별 프로그램이나 지도자를 훨씬 넘어서는 관련성을 지니고 있는데, 서울시는 위험을 기꺼이 감수하고 극소수의 다른 도시들만이 할 수 있는 방식으로 시험을 하려는 의지를 가지고 있었기 때문이다. 박원순 전 시장이 한 번도 아닌 두 번이나 재선에 성공함으로써 이러한 시험을 발전시키고 그 뿌리를 견고히 할 수 있는 충분한 시간이 주어졌던 것이다. 그가 경제적 이익이나 다른 이해관계로부터 초연하였음은 그가 도시와 시민들을 위해 봉사하는 데 전념할 수 있었음을 보여준다.

이 이야기의 핵심은 아주 간단하다. 바로, 사람들에게 힘을 주는 것이다. 대한민국은 어떤 점에서 보면 전통적이고 권위주의적이며 가부장적인 면모가 남아있는 사회이다. 박 전시장이 재임했던 시절은 그가 인권변호사로서 투옥되었던 군사독재 시절이 끝난 지 불과 한 세대가 지났을 뿐이다. 아직도 경제는 소수의 가족 경영 대기업인 '재벌'들이 독점하고 있었으며, 이는 결과적으로 주요 언론에 상당한 영향력을 가지고 있었음을 의미했다.

박원순 전 서울시장의 우선순위는 이러한 전통을 뒤집는 것이었다. 대부분의 정치 지도자들은 국민을 위해 봉사하고 경청한다는 것을 하나의 정치적 수사법(rhetoric)으로만 여겼지만, 박원순 전 서울시장은 이러한 생각을 진지하게 받아들여 도시의 일상 업무에 적용했다. 즉, 시민들에게 단순히 메시지를 전달하는 것이 아니라, 경청으로의 근본적인 변화를 의미했다. 시청 외부에 설치된 거대한 귀 모양 조형물이 바로 이러한 접근방식을 상징한다. 도시의 문을 열고, 단순히 시민들을 위해 그리고 시민들에게 봉사하는 것이 아닌 시민들과 함께 통치하겠다는 결정을 의미하는 것이다.

이는 권력의 근본적인 양상에 있어 중요한 전환을 가져왔다. 한국은 오랫동안 매우 생기있는 시민사회를 간직해왔는데, 이 시민사회는 독재 정권에 대한 강한 저항에서 성장한 것이었다. 또한 한국에서는 정기적으로 수많은 시민들이 거리로 나와 그들의 의사를 표현하기도 했다. 하지만 재벌, 여당, 지배적인 언론, 군사 및 정보기관 간의 긴밀한 관계를 견인하는 권력 체계 바깥에 항상 남겨져 있을 수 밖에 없었다.

박원순 전 서울시장은 신세대와 구세대를 아우르면서도 시민의 힘을 주장하는 새로운 세대를 대표했다. 이는 그의 임기 중반, 사회 최상층이 저지른 부정부패에 충격을 받은 백만 명의 시민들이 거리에 나와 촛불 시위를 벌여 2016년 박근혜 대통령이 퇴임했을 때 극적으로 나타났다.

나는 이명박(후에 대통령 당선) 서울시장 시절 그의 초대를 받아 처음 서울을 방문했다. 그는 글로벌 기업을 한데 모아 조언을 주는 자리를 만들었다. 이명박 시장 본인 또한 과거 현대그룹에서 일한 경력을 가지고 있었고, 이는 시 행정부가 대기업과 긴밀한 관계를 맺고 있음을 알 수 있는 자리였다. 그에게 사회란 대체로 보이지 않는 것이었으며, 기껏해야 자신을 대신해 취한 조치를 감사하게 생각하는 관찰자로 기대될 뿐이었다. 이는 전적으로 하향식(top-down) 접근방식이었다.

반면 박원순 전 서울시장은 한국에서 많은 것을 상징하는 속도와 경쟁력이란 것을 희생하지 않으면서도 공동체, 비정부기구, 소상공인에도 문을 열었다. 그는 끊임없이 새로운 것을 시도했다. 새로운 중재자(intermediaries)를 만들고, 사회혁신파크와 같은 새로운 장소를 조성했다. 또한, 풀뿌리 프로젝트를 지원해 시정의 하향식 관점에 강제적으로 맞추는 것이 아닌 그들 스스로 발전할 수 있도록 도왔다. 그는 정부에 새로운 목소리를 불러왔으며, 끊임없이 다양한 그룹들에 손을 내밀었다.

소규모 보조금 프로그램에 시민이 참여하는 것으로 시작하여 마침내 주민참여예산제도와 같이 보다 야심찬 프로그램으로의 확대를 통해 민주주의를 심화시키고자 했으며, 이러한 과정을 민주주의 서울 플랫폼으로 이루고자 했다. 그는 메이커 운동(the maker movement), 오픈데이터, 공유부(commons) 및 블록체인과 같은 혁신 분야와 연계했다. 또한, 대도시에서의 에너지 및 교통 변화가 절실하다는 사실을 인식하여 C40 기후리더십 그룹의 부위원장과 같이 전 세계에 비슷한 생각을 가진 체인지메이커들과 관계를 맺었다.

그는 정형화된 방식이 아닌 대화의 형식으로 설명하고 논의했다. 또한, 정부의 권력을 단지 행사하는 것으로 취급하지 않았고, 설득 및 회합을 위해서도 사용했다. 시청은 시민들에게 열려 있었으며, 시청 앞 공간에는 다양한 행사와 노점들로 가득했다. 도시의 목표를 달성하는 데 있어서 대기업들도 무엇을 할 수 있는지 보여주도록 독려하기도 했다.

북미와 유럽 보다 훨씬 앞선 광대역 통신속도를 지닌 세계 최첨단 디지털 도시라는 명성에 걸맞게 박원순 전 서울시장은 기술을 잘 활용했다. 데이터와 그것의 사용에 있어 커다란 진전이 있었고, AI 및 사물인터넷을 촉진하고, 스마트시티(smart city)라는 수사(修辭)를 시민들에게 정말 유용한 프로젝트로 전환하는 것에 대한 큰 움직임도 있었다.

서울의 지난 10년이 다른 도시에 주는 메시지는 크게 네 가지로 정리할 수 있다.

첫째, 통치란 어떻게 하는 것인가에 대한 메시지. 시민과 함께하는 통치는 힘든 일이지만 제대로 한다면 모든 종류의 에너지를 방출하는 통로가 된다.

둘째, 접근방식에 대한 메시지. 끊임없는 시험과 반복은 사업 및 기술을 포함한 일부 분야에서는 지극히 평범한 일상이다. 하지만 행정부의 경우는 다르다. 더디고 관료주의적이다. 서울은 '건강한 쉬지않음(healthy restlessness)이 미덕으로 거듭날 수 있음을 잘 보여주고 있다.

셋째, 주제에 대한 메시지. 박원순 서울시장은 기후 변화, 대기질, 복지와 같은 책임이 막중한 질문을 마주하는 것을 두려워하지 않았다. 많은 도시들은 이러한 중요한 문제보다는 피상적이고 사소한 사안에 집중한다.

넷째, 리더십에 대한 메시지. 박원순 서울시장은 많은 사람들에게 영감을 주었다. 그는 열려져있지만 결단력있고, 겸손하지만 강하며, 지도자인 동시에 종복(a servant)임을 몸소 보여주었다.

영광스럽게도 내가 의장으로 있는 한 자문위원회에서는 멕시코, 인도, 이탈리아, 영국, 태국, 홍콩 등 세계 각국의 가장 비범한 혁신가들을 한 자리에 모았다. 이러한 혁신가 개인의 삶을 통해 어떻게 장애물을 극복하고, 어떠한 상황을 있는 그대로 보는 것을 넘어 그 상황이 어떻게 발전할 것인지를 파악하는 안목을 배울 수 있었다.

이들은 박원순 전 서울시장 및 그 측근들에게 자연스럽게 동료이기도했다. 우리는 그들에게 서울의 사례로부터 배울 점뿐만 아니라 서울의 시험 및 계획을 어떻게 세계 다른 나라와 연계할 수 있었는지를 돌아보도록 요청했다.

모쪼록 이 조언자 및 혁신가 그룹의 도움을 받아, 가장 귀중하고 영구적인 가치가 무엇인지를 파악하고, 그의 에너지와 창조성을 세계 다른 나라에 널리 퍼뜨릴 수 있기를 바래본다.

저자소개 ─────────────────────────────────────

Sir Geoff Mulgan은 영국의 University College London(UCL) Collective Intelligence, Public Policy and Social Innovation를 담당하는 교수이며, 2004 년부터 2011년까지 The Young Foundation의 상임대표를 역임했으며, 2011년 부터 2019년말까지는 영국의 혁신재단인 Nesta의 상임대표를 역임했다. 또한 1997년부터 2004년까지 토니 블레어 총리의 정책보좌관과 전략기획관을 역임하 는 등 영국 노동당 정부에서 다양한 역할을 수행하기도 했다. 주요저서로는 'The Locust and the Bee (메뚜기와 꿀벌 약탈과 창조, 자본주의의 두 얼굴'(Princeton University Press) and 'Big Mind: how collective intelligence can change our world (빅 마인드: 집단지성은 어떻게 우리 세계를 바꿔놓을 것인가)'(Princeton University Press) 등이 있다.

서울이 선도한 한국의 사회적경제, 그리고 박원순
L'Economie Sociale , vue de Séoul

Thierry Jeantet

　나는 2016년 몬트리올에서 열린 GSEF(국제사회적경제협의체, the Global Social Economy Forum) 포럼에서 박원순 당시 GSEF 공동의장을 처음으로 만났으며, 2018년 초 서울포럼에 그와 GSEF의 로렌스 콱 사무총장의 초청으로 왔을 때도, 그리고 같은 해 가을 빌바오에서 열린 GSEF 포럼과 또 다른 GSEF 포럼에서 여러 차례 만난 인연이 있다. 동시에 우리는 정기적으로 편지와 이메일로 사회적경제의 발전을 위한 제안과 우리의 입장을 교환했었다.

　돌이켜 보면, 박 전 시장은 첫 만남에서 자본주의의 성공과 실패를 얼마나 되돌아보았는지 말해 주었었다. 실용적이고 열린 생각을 가진 그는 자신의 나라와 세계의 다른 곳에서 새로운 대안을 관찰하면서 사회연대경제에 관심을 갖게 되었다. 그에게는 사회적·환경적 차원을 통합한 경제 발전이 필요하였고 그는 자신의 활동을 확장할 수 있도록 기다릴 필요가 없었다. 그는 곧 사회적경제에 찬성하여 지역을 기반으로 한 변혁 행동을 연

248

계하기 위해 사회적경제 활동가들과 연대하며 서울시의 구체적인 전략적 지원 프로그램을 시작했다. 이 과정에서 그는 GSEF라는 국제조직을 창설하기 위해 전 세계 다른 도시들의 시장들이 무엇을 하고 있는지 살펴보았다.

사회적경제의 역동적 발전이 일어나고 있는 한국

2018년 초 서울에 머무르는 동안 나를 놀라게 한 것은 GSEF의 두 공동 의장인 박원순 서울시장과 송경용(당시 한국공정무역협회 회장)은 물론, 내가 만난 모든 사람들과의 대화에서 한국사회가 전반적으로 사회적경제 발전에 우호적이며 역동적으로 변화하고 있다는 것이었다. 서울시장은 필요한 추진력을 부여하기 위해 적극적인 민관 협치 정책을 시행하였다. 그는 인구 천만 명의 대도시에서 시 의회 지원을 받으며 자치구의 선출직 공직자들이 같은 방향으로 움직이도록 선도하였다.

한국에서 내가 발견한 것은 박원순 전 서울시장과 여러 다른 도시들의 시장, 관료, 선출직 공직자 연합(예를 들어 사회연대경제를 위한 한국지방정부협의회)의 많은 이들이 사회적경제의 성장에 대한 자극을 종종 위로부터 온다는 것을 보여주었다는 것이다. 문재인 대통령과 현 정부의 관심도 이 방향으로 가는 이니셔티브를 뒷받침한다. 이것은 매우 긍정적이지만 그럼에도 불구하고 사회적경제의 주된 행위자들인 시민 사회가 더 활발하기를 원하는 이들은 위에서 오는 이니셔티브에 대해 걱정하는 것도 사실이다.

사회적경제를 통한 4차 혁명

박 전시장은 4차 산업혁명을 대비하기 위한 사회적경제에도 중요한 족적을 남겼다. 이는 메이커시티(Maker City) 서울에서 박 전 시장이 매우 중요하게 진행한 사업으로서, 그 상징적 장소는 장인과 상인들, 전자제품들이 즐비한 1972년 세워진 쇼핑센터, 세운상가였다. 세월이 흐르면서 기술 개발에 적응하지 못한 상인들은 노후화되어 판매하기에는 너무 오래된 장비로 작은 가게를 운영하고 있었다. 낡은 콘크리트 덩어리로 변한 이 건물 주변에는 가난한 이웃들이 있고 작은 작업실과 공방들로 채워져 있었다.

이곳이 사회적경제의 활발한 중심지가 된 것은 무엇인가? 그와 함께 이 기획을 함께 했던 이들은 세 가지로 이유를 설명하고 있다.

첫째, 산업재생. 소비자의 현재 요구를 충족하기 위해 진화하는 전통적인 장인과 상인을 도와야한다.

둘째, 관련 건물의 시민 간의 상호 작용. 상인, 장인, 사회적경제 조직들 간의 협업과 새로운 기술 전문가 간의 연결을 진행하고, 새로운 기술 분야의 젊은이, 제작자, 기업가를 유치하면서 새로운 세대, 공동체와 연계한다

셋째, 랩 "생활 개선". 팹 랩 및 도구, 새로운 기술에 대한 지원을 행하고 젊은 기업가를 위한 "메이커 큐브" 등 몇 개 공간은 이 포부를 위해 사용되고 있다.

씨즈 재단은 1,000만 유로(5년 이상)의 예산을 젊은 기업가 교육에서부터 인공 지능, 디지털 등 최첨단 기술의 사회적경제 지원 프로젝트를 다양하게 지원하고 있다. 박원순 전 시장이 지적했듯이, 여러 세대가 상호 작용할 수 있도록 하는 것이 과제 중 하나이며, 공통 세미나는 이미 진행 중이지만, 비슷한 공통의 목표를 중심으로 강화되어야 한다. 아직 기존 입주자와 이주자 사이에 토지 문제 등을 해결해야 하는 과제가 있다. 따라서 생각하고 그에 따라 행동하는 메이커 시티 센터 팀의 젊은 지도자들은 사회적 용기와 기술, 자신감을 결합하여 '4차 혁명'을 가져올 것이다. 나는 ESS-FI (사회연대경제 국제포럼, Forum International de l'Economie Sociale et Solidaire)의 프로젝트 국제 아고라가 이 센터와의 링크를 구축해야 한다고 제안했다.

코로나 바이러스 위기 이후, 시민들은 더 이상 기다리지 않는다

박 전시장이 원했던 일이 이제 실현되고 있다. 한국 시민사회는 이 전례 없는 시기에 사회연대경제 사업을 이전보다 더 은밀한 방식으로 발전시키고 받아들였다. GSEF 사무총장 로렌스 곽이 특히 소비자 협동조합 분야에서 일어나고 있는 이 놀라운 변화에 대해 나에게 친절히 설명해 주었듯, 아이쿱, 한 살림, 두레 협동조합들은 코로나라는 감염병이 창궐하는 환경속에서 생태적, 생물적, 사회적 접근으로 큰 성장을 경험하며 사업영역과 사회 및 연대경제 모든 분야와의 협력을 늘여갔다. 또 다른 예로 온라인 보육 프로그램을 설립한 '상호 돌봄' 사회 협동조합이 있다. 서울의 많은 사회적 경제 조직들을 지원하기위해 서울사회적경제지원센터는 추가경정예산을 결정했다. 따라서 이 위기는 사회적경제가 현재 진행 중인 격변에 대한 가능한 대안적 경제라는 것을 깨닫는 데 기여했다. 이것은 박원순 전 시장을 놀라게 하지 않았을 것이다. 그는 또한 우리가 논의한 것처럼 GSEF, ESS-FI 및 기타 국제기구 간의 교감을 통해 사회 및 연대 경제의 국제 연합 을 형성하기를 원했을 것이다. 이것은 세계에서 연대, 생태 및 민주적 행동의 새로운 길을 열기 위한 것이기 때문이다.

저자소개 ────────

* Thierry Jeantet는 ESS-FI(사회연대경제 국제포럼)의 명예회장이자 GSEF(국제 사회적경제협의체)의 자문위원이다. 프랑스 의료건강분야 상호부조보험기관인 AG2R LA MONDIALE의 회장이며, 『사회적연대경제, 가능성의 열쇠』(2021)의 저자이기도 하다.

〈서울 10년 혁명을 함께 한 정책적 동지들〉

곽은경 글로벌사회적경제포럼 사무국장

구명숙 공동체라디오 상임이사

권병웅 중앙대학교 예술대학원 예술경영학과 교수

권지웅 전 서울시 청년명예부시장

김남근 변호사

김남주 변호사

김세용 고려대학교 건축학과 교수,
  전 서울주택도시공사 사장

김유리 나라살림연구소 연구관리팀장

김정열 전 서울시사회적경제네트워크 이사장

김종익 지속가능성센터 지우 연구위원장,
  전 서울시 도시재생지원센터 센터장

김종진 (사) 유니온센터 이사장,
  한국노동사회연구소 선임연구위원

김창보 서울시 공공보건의료재단 대표이사

김창오 가정의학 전문의. 강북구 건강의집 의원

김형용 동국대학교 사회복지학과 교수

나백주 서울시립대학교 도시보건대학원 교수

남기철 동덕여자대학교 사회복지학과 교수

명승환 인천대학교 행정학과 교수

박경수 한양사이버대학교 사회복지학과 교수

박동국 전 서울시 교육자문관

박두용 한성대학교 기계시스템공학과 교수

서왕진 전 서울연구원 원장,
  서울시립대학교 국제도시과학대학원 초빙교수

송성수 서울주택도시공사 해외협력부 부장

안병옥 호서대학교 AI 융합학부 교수

안승문 전 서울시교육자문관

안연정 전 서울시 청년허브 센터장

안종주 한국사회정책연구원 선임연구위원

양창영 변호사

양동우 호서대학교 벤처대학원 교수

오성훈 건축공간연구원 선임연구위원

위평량 전 소상공인정책연구센터장

유창복 전 서울시 협치자문관

윤순진 서울대학교 환경대학원 교수

윤영진 계명대학교 명예교수

이동연 한국예술종합학교 한국예술학과 교수

이상근 공인회계사

이원재 문화연대 시민자치센터 대표

이유진 녹색전환연구소 연구원

이은애 서울민주주의위원회 위원

이정훈 연세대학교 정보대학원 교수

이창현 국민대학교 언론정보학부 교수,
  혁신정책네트워크 디딤 이사장

이철종 서울시 공공구매영업단 대표

임규건 한양대학교 경영학부 교수

임소정 Social Innovation Exchange COO

임승빈 명지대학교 행정학과 교수

장숙랑 중앙대학교 간호대학 교수

전용호 인천대학교 사회복지학과 교수

정건화 한신대 경제학과 교수

정선애 전 서울혁신기획관

정창수 나라살림연구소 소장

정혜주 고려대학교 보건과학대학 교수

조경애 전 인구보건복지협회 사무총장

조성주 정치발전소 대표, 전 서울시 노동협력관

주진우 전 서울시사회서비스원장

최 영 중앙대학교 사회복지학부 교수

최형선 서울시 도시재생지원센터 재생사업실장

한선경 씨닷 대표

황인선 경희사이버대 겸임교수

한수정 한국공정무역협의회 이사

홍영준 상명대학교 가족복지학과 교수

Marguerite Mendell 캐나다 콩코디아대학교
  (University of Concordi) 석좌교수

Geoff Mulgan 영국 University College London(UCL)
  교수

Thierry Jeantet 프랑스 의료건강분야 상호부조
  보험기관(AG2R LA MONDIALE) 재단 회장